살아있을 때 닫힌 마음
글로 열어본다

최용호 수필집

열림문화

차례

CHAPTER 1
올레길 같은
나의 삶

008 저 바다 너머에 가족이 있다
015 공항, 내 삶의 전환점
019 세상의 차가운 시선 속에서
023 라디오가 들려준 희망의 별
025 올레길처럼 구불구불한 삶
028 소녀 가장의 키 작은 아저씨
031 피땀으로 얻어낸 운전면허증
033 차바CHABA 태풍이 남긴 상흔
038 하늘과 땅이 만난 곳, 천지연 폭포
042 차 열쇠는 어디에

CHAPTER 2
차가운 편견의 벽을 넘어

046 공공기관의 민원인 응대법
053 폭설만큼이나 무거운 삶의 무게
058 온갖 사고와 함께 익힌 목공 기술
061 그래도 세상은 살만한 곳
065 헤어나올 수 없는 볼링의 매력
068 관심과 사랑으로 만든 장애인볼링협회
074 꿈에도 생각 않았던 공항 노숙
078 기다림에 지쳐버린 아쉬운 전국체전
081 제주어 배우기
084 역경을 딛고 일어선 어린 시절

CHAPTER 3
끊임없이 솟는
배움의 샘터

088 아들과 함께한 고성통일전망대
091 배움의 샘터는 물마름이 없다
093 서귀포 전경을 한눈에, 솔오름
096 봉사활동의 즐거움과 보람
099 올레 10코스, 형제 해안도로
101 우리 가족의 소소한 행복 일상
106 선수보다 시야가 넓은 운영위원
109 군 복무 중이던 아들 면회 가다가 생긴 일
112 국민 메신저라더니…
116 사양 직업이라지만 보람 느낄 때면

CHAPTER 4

기록은
추억으로 남는다

120 중산간도로에서 맞이한 겨울 무지개
122 119 응급구조대의 노고에 감사를
125 아름다운 도로, 녹산로 풍경
127 모든 기록은 추억이 된다
130 당신에게 가장 소중한 보물
133 세한도의 향기 품은 추사관
136 따스한 봄바람과 함께 온 귀한 인연
139 필리핀 방문, 길고도 짧았던 10박 11일
147 찰나의 실수는 오랜 고통으로 이어지고
149 아들을 군대에 보내는 부모 마음

폭설만큼이나 무거운
나의 삶

|

많이 내린 눈의 무게만큼
나의 삶의 무게도
무거웠다.

1
CHAPTER

올레길 같은
나의 삶

저 바다 너머에 가족이 있다

공항, 내 삶의 전환점

세상의 차가운 시선 속에서

라디오가 들려준 희망의 별

올레길처럼 구불구불한 삶

소녀 가장의 키 작은 아저씨

피땀으로 얻어낸 운전면허증

차바CHABA 태풍이 남긴 상흔

하늘과 땅이 만난 곳, 천지연 폭포

차 열쇠는 어디에

> 아버지는 참 쉽게 바다를 건넜다가
> 돌아오는데, 그때의 나는 바다를 건너기가
> 왜 그리 힘이 들었을까?

저 바다 너머에 가족이 있다

정말 오랜만에 제주항 여객 터미널을 찾았다. 제주항 근처를 차를 타고 지나가기는 수십 번이었지만, 제주항에 대한 유년 시절의 추억을 생각하기 위한 방문이었다. 50여 년 전 제주항의 모습은 아니었지만, 여객선 대합실 내 좌석에 잠시 앉아 생각에 잠겼다.

1975년쯤 어머니의 가출로 가정이 풍비박산 나자, 아버지는 서귀포에서 어린 세 자녀를 데리고 제주항으로 왔다. 진도에 있는 큰아버지에게 자녀들을 맡기기 위해서였다. 제주항에서 아버지는 초등 2학년생이었던 필자와 어린 두 동생을 데리고 제주~목포를 운항하는 〈가야호〉에 올랐다. 저녁 배는 열심히 달려 추자도를 지나고, 벽파항에 도착했다. 이곳에서 모두 내려 버스를 타고 진도에 있는 ○○리 큰아버지 댁에 도착했다. 큰아버지 댁에 가니 할머니를 비롯 여러 친척이 반겨주어서 마음이 무척 즐거웠다.

  다음날 아버지는 나에게 "며칠 있다가 데리러 올 것이니 동생들 잘 돌보고 할머니와 큰아버지 말씀 잘 들으며 지내고 있으라"는 이야기를 남기고 떠나갔다. 거기에 머무는 동안 다리를 절뚝이던 나는 소를 데리고, 풀을 먹이러 다녀오다가 소의 힘에 밀려 무릎이 다치는 사고도 있었다. 논에서 미꾸라지 잡다가, 거머리에 물려 종아리가 피투성이 된 적도 있었다. 그래도 군소리 없이 큰아버지 댁의 여러 일을 도왔다.

  하지만 큰아버지 댁에서 하루 이틀이 지나갈수록 주변 사람들이 내 동생과 나를 대하는 태도가 변했다. 할머니는 여전히 손주들이 귀여워서 저녁에는 몰래 준비한 누룽지를 우리에게 주곤 했다. 하지만 큰어머니와 사촌 형제들은 그렇지 못했다. 나와 동생들을 애물단지로 보고, '엄마 없는 녀석들' 등의 무시하는 발언이 잦았다. 여러 가지 무시하는 이야기 중에 장애인 비하 발언을 들을 때는 설움이 복받쳐서 많이 울었다. 당시 여동생은 머리를 자주 감지 않아서 머릿니가 바글바글하여 아침에는 참빗으로 이 잡는 일도 많았다. 이 과정에서 사촌 큰누나가 참빗으로 힘을 주어 머리카락을 빗어 내리다가 동생의 머리에 상처를 내기도 하였다.

눈칫밥을 먹으며 힘든 삶을 하루하루 지탱하던 어느 날 사촌 동생과 저수지에 낚시하러 갔다가 서로 몸싸움하게 되었다. 처음엔 가벼운 말다툼이었으나 사촌 동생이 "부모 없는 새끼, 병신 새끼, 우리 집에서 나가."라며 소리치는 바람에 크게 몸싸움을 한 것이다. 이후 큰아버지에게 불려가 회초리로 맞고 심한 꾸중을 들었다.

사건이 마무리되는가 했는데, 사촌 큰누나가 심통을 부리기 시작했다. 밥을 너무 많이 먹어 힘이 넘쳐나서 말썽을 일으키니, 이제부터는 밥을 동생과 나누어 먹으라면서 밥 한 공기를 가져가 버렸다. 배는 고프지만 어쩔 수가 없었다. 그러던 어느 날 배가 너무 고파서 남동생과 남의 집 부엌으로 들어가 밥을 훔쳐 먹었다. 그런데 집주인에게 들켜서 다시 큰아버지 앞으로 불려가서 심한 욕설과 함께 회초리로 매를 맞았다.

이런 생활에 몸도 마음도 지쳐갔다. 슬퍼질수록 제주도에 있는 형과 누나가 보고 싶고, 아버지도 보고 싶었다. 어느 날 큰마음 먹고 아침에 남동생을 데리고 몰래 큰아버지 집을 나섰다. 4개월 전 걸어 왔던 기억을 더듬으면서 지나가는 사람에게 묻기도 하며 간신히 벽파항에 도착했다. 제주행 배 시간을 물으니, 몇 시간 후에 온다는 이야기를 듣고 대합실 한쪽으로 몸을 숨겼다.

기다리고 있던 배가 왔는데, 바닷물이 썰물 때여서 여객선은 바다 중간에 정박하고 보조선을 이용하여 배에 올라야 했다. 나는 동생을 데리고 보조선에 승선하였다, 보조선의 선원이 "너희들 어른은 어디 있니?" 물어서 나는 "아버지가 저희 먼저 배로 가라고 했어요. 아버지는 다음 보조선으로 온다고 했어요."라고 이야기하고 제주행 배에 올랐다. 이후 배가 출발할 때까지 화장실에 숨어있었다. 여객선은 출발 고동 소리를 울리면서 출발하였다. 중간에 추자도에 들러 승객을 태우고, 노을이 지는 저녁에 제주항에 도착했다.

나는 동생을 데리고 여객선을 내려와 사람들의 시선을 피해서 제주 연안 여객선 터미널을 빠져나왔다. 그런데 어느 쪽으로 가는 길이 서귀포인지 방향을 알 수 없었다. 그래서 지나가는 어른에게 길을 물었는데, 이분은 따라오라고 했다. 그분을 따라간 곳은 해양파출소였다. 파출소 직원이 "어린애들이 왜 여기에 있냐"며 자초지종을 물어서, 나는 오늘 하루 일을 설명해주었다. 내 이야기를 들은 직원은 앉아서 기다리라고 말하고는 다른 직원들과 함께 서로 의논하는 듯하였다.

나는 생각했다. '다시 큰아버지 댁으로 돌려보낼 것 같다고, 다시 진도 가면 집 나갔다고 또 많이 맞을 것 같은데…'라며 불안해했다. 그런데 잠시 후 비상 상황이 발생했는지 파출소 직원들이 모두 자리를 비웠다. 나는 동생을 데리고 파출소를 빠져나와 무작정 달렸다. 파출소 직원에게 잡히면 다음 배로 진도에 되돌려 보낼지도 모른다는 생각에, 다리를 절뚝거리면서도 동생보다 더 빨리 달린 것 같았다.

어느 정도 파출소와의 거리가 멀어졌다고 생각이 들자 길가의 한쪽 구석에 앉아서 쉬었다. 동생은 배가 고프다고 하였다. 주변을 보니 먹다 버린 수박 껍질에 빨간 부분이 있었다. 그것을 주워서 동생과 먹고 있으려니 지나가던 사람이 "너희들 집에 가지 않고 왜 여기에서 이런 것을 주워 먹고 있느냐?"며 말을 걸었다.

나는 1시간 전에 있었던 일을 되새기고, 경계하며 자초지종을 이야기했다. 그분은 가만히 우리의 이야기를 다 듣고 나서 나와 내 동생을 자신의 집으로 데리고 갔다. 그리고는 밥을 양푼이에 담아 물에 말아 주면서 먹으라고 건넸다. 거의 하루 만에 먹어보는 맛있는 진수성찬이었다.

50년이 지난 이 시점에도 그날 얻어먹은 양푼이 밥맛은 잊을 수가 없다. 밥을 주신 분께 감사 인사를 드리고 그 집을 나와 하늘을 지붕 삼아서 구석진 곳에서 새우잠을 잤다. 날이 밝자 다시 서귀포 가는 방향을 물어물어 가며 제주시 내에서 5.16도로로 접어들었다. 서귀포로 열심히 걷고 있는데, 여름날의 소나기가 내려 한곳에 비를 피하고 있었다.

저쪽에서 한 아이가 "야, 거지 지나간다."라며 외쳤다. 잠시 후 그 애 부모가 와서, 우리의 몰골을 보더니 "너희들 지금 어디 가는 중이니?"라고 물었다. 내가 '서귀포로 가는 중'이라고 대답했더니, 그분이 "너희 걸음으로는 서귀포를 갈 수가 없어, 아줌마가 차비를 줄 것이니 차를 타고 가라"며 500원을 내주었다. 나와 내 동생은 동시에 감사 인사를 드렸다.

500원짜리 종이돈을 받고, 서귀포 가는 한일합승 마이크로버스를 기다렸다. 마침 버스가 오고 있어서 돈을 보여주며 세워주기를 기대했다. 버스는 다행히 멈춰 섰고, 버스에 올라타니, 나와 동생의 몰골을 보면서 승객들이 한마디씩 하였다.

"무슨 일인데 아이들이 제주시에 와신고?"

"며칠 씻지 않은 것 같은데…"

그러자 버스 기사는 "게메양, 아침에 서귀포 갈 때도 봐신디, 또 보이고, 손도 들어서 태우게 되엇수다"

몰골이 불쌍해 보여서 그랬는지, 버스 기사는 버스비를 받지 않았다. 간신히 서귀포에 도착하여 전에 살던 집에 가보았지만, 가족의 흔적을 찾을 수가 없었다. 형이 일했던 직장에 찾아갔지만, 직장을 옮겨가 버려서 어디 있는지 모른다는 답을 들었다. 가족이 보고 싶어서 10살 어린애가 7살 남동생을 데리고 진도에서 서귀포까지 길을 물어물어 왔는데, 가족을 찾을 수 없으니 어찌할 줄 모르고, 당시 서귀포 매일 시장 입구 시계탑 근처에 지친 몸으로 앉아있었다.

이젠 어디로 가야 할지도 생각나지 않아 계속 앉아있으니, 지나가던 사람이 동전을 놓고 가기도 하였다. 그런데 기적이 일어났다. 여름날의 하늘이 어두컴컴해질 무렵, 형이 우리를 발견했다. 우연히 전에 다니던 직장에 들렀다가, 내가 찾아왔었다는 이야기를 듣고서 아버지에게 전하고, 함께 서귀포 구석구석을 뒤지며 나와 동생을 찾아다녔다는 것이었다. 그때 가족을 만난 기쁨에 많이도 울었다. 며칠 후 아버지는 다시 진도로 가서 큰아버지와 엄청난 말싸움을 하시고, 혼자 남았던 여동생마저 데리고 제주도로 왔다. 아버지는 참 쉽게 바다를 건넜다가 돌아오는데, 그때의 나는 바다를 건너기가 왜 그리 힘이 들었을까?

> 공항은 세상과 세상을 연결하여 주는 하나의 통로이다.

공항, 내 삶의 전환점

필자는 장애인이다. 1966년에 태어나서 1년여 지난 시점에 당시 창궐했던 소아마비에 걸려 회복되지 못했다.

어머니 말씀에 의하면 3살이 되어도 걷지 못하고 방바닥을 기어다녔다고 했다. 화가 난 해병대 출신 아버지께서는 걸어 보라면서 모질게 회초리질했다.

어린 몸이라서 회초리 한 대가 몸을 치고 지나가면 살에는 회초리 자국이 선명히 남았다. 아픔에 못 이겨서 어렵사리 일어섰지만, 다시 쓰러질 수밖에 없었다.

일어났다 쓰러지면 매질은 한동안 반복되었다. 이런 일이 계속되었는데 어렵사리 조금씩 내가 걷기 시작했다고 한다. 왼쪽 다리에 온

힘을 모으고 오른쪽 다리를 잡아당기면서 매 맞지 않기 위한 삶의 여정을 시작했다.

　장애인으로 삶을 산다는 것은 유년 시절과 청년 시절에는 매우 어려웠다. 유년 시절에는 친구들이 '병신'이라는 놀림에 반항도 하고 좌절도 하며 지냈고, 17세 때는 삶이 너무 힘이 들어서 극약을 마시고 자살을 기도한 적도 있다.

　정말 그때는 삶이 싫었다. 열다섯 살 어린아이의 사회생활이 너무 많이 힘들어서 삶을 포기하는 것이 최선이라 생각하고 실행한 행위였다. 병실에서 눈을 뜨니 하루 반이 지난 시점이었다. 몸은 많이 초췌해졌지만 죽지는 않았다. 약을 마시고 얼마 지나지 않아서 일찍 응급조치가 이뤄진 덕분에 생명을 건질 수 있었다고 한다.

　청년 시절에는 사랑의 가슴앓이를 해야 했다. 서로에 대한 믿음과 사랑은 원앙새 못지않았지만, 여자 쪽 가족의 반대가 심했다. 결혼은 두 사람의 믿음만으로 이루어질 수 없다는 것에 입술을 깨물며, 술로 시간을 보냈지만, 얻어지는 것은 없었다. 헤어질 것을 결심하니 그녀와 함께했던 지난날의 일이 주마등처럼 스쳐 지나갔다. 어렵게 헤어지고 나니 이성과 만남에 용기가 생기지 않았다. 좋아했다가 또다시 헤어지면 그 아픔을 어떻게 감당해야 할지 걱정이 되어서….

　첫사랑 여인과 헤어지고 6년여 만에 새로운 짝을 찾기 위해서 인천국제공항으로 향했다. 목적지는 필리핀의 마닐라였다. 국제결혼을 위한 여행이었다. 몇몇 여성과 맞선을 보았고, 다행히 한 여성에게 끌리는 감정이 있어서 다음날 다시 만났다. 혹시나 이 여인의 부모가 결혼을 반대하지 않을까 하는 조바심을 하며 자동차로 9시간 달려간 끝에 '비콜'이라는 마을을 찾았다. 여인의 어머니를 만나니 다행히 싫어하는 기색이 없어서 안도의 한숨을 내쉬었고, 다시 11시간 동안 차를 타고 마닐라로 돌아왔다.

언어도 통하지 않았지만, 간단히 약혼식을 올렸고 며칠 후 다시 만나기로 하고 혼자 귀국했다. 4시간의 비행시간 동안 많은 생각으로 머릿속은 복잡했지만, 내가 선택한 삶이 틀리지를 않기를 기도하며 인천국제공항에 내렸다.

결혼 중개인과 헤어지고 김포국제공항을 통해 내가 사는 곳, 서귀포로 돌아와서 한 달 정도 지났다. 마닐라에서 약혼식을 올린 여인이 며칠 후 인천국제공항에 도착한다는 이야기를 듣고 마중 나갔다. 입국장 앞에서 한 달 만에 만나는 여인의 모습이 머릿속에 잘 그려지지는 않는데 결혼 중개인이 먼저 알아보았다.

공항은 세상과 세상을 연결하여 주는 하나의 통로이다. 과장되게 이야기한다면 무한의 시계로 연결된다고 말하고 싶다. 공항은 또한 나에게 2,615㎞나 먼 곳에 있는 사랑을 만나게 해준 고마운 존재이기도 하다.

공항에 가면 항상 마음은 설렌다. 며칠 전 마땅히 할 일이 없어서 자동차를 타고 무작정 간 곳이 제주국제공항이었다. 커피 한 잔을 마시는 동안 분주하게 오가는 많은 사람을 보며 '저분들은 어떤 사연과 만남을 희망하며 공항으로 온 것일까?' 하는 생각에 잠겼다.

> 장애인으로 살아가면서
> 장애인 비하 발언을 들을 때마다
> 세상의 차가운 현실이 많이 아쉽다.

세상의 차가운 시선 속에서

내가 자동차 면허증을 취득한 해는 1987년이다. 면허증을 취득하고 5년 정도는 운전대를 잡아보지 못했다. 면허증이 아까워 오랜 고민 끝에 신차를 구매했다. 차 운전을 시도했지만, 두려움이 앞서서 밤에만 조금씩 운행했다. 조용히 한 달 정도 운전하다가 어느 정도 익숙하게 되자 주말에는 외곽지로 나가 드라이브를 즐길 수 있게 되니 세상의 모든 것을 얻은 듯이 기뻤다.

이 즐거움도 잠시 다른 차와 접촉 사고가 생겼다. 내가 60%는 잘못한 것 같아 내려서 사과하고 보험처리 등등을 이야기했는데, 상대 차의 운전자는 분통이 많이 났는지 엄청난 말을 쏟아내기 시작했다. 왜 국가는 병신들에게까지 운전 면허를 발급하여 주었나? 이 차가 얼마짜린데 쫄락이가 와서 들이받느냐? 살다 보니 병신에게 들이받혔다는 등등 정말 듣기 싫은 말만 하면서 화를 내는 것이었다.

그래서 나도 맞받아쳤다. 내가 실수한 것은 맞지만 그렇게 심한 말을 할 필요는 없는 것 같다고 하였다. 그러자 이 사람은 사고 내놓고 말대꾸한다며 다시 언쟁을 벌이다가 경찰이 와서 일단락되었지만, 그때의 접촉 사고로 장애인은 운전과 모든 것을 조심하지 않으면 다른 장애인에게도 피해가 된다는 것을 인식하고 안전 운전을 생활화하였다.

그런데 2년 전에 다시 큰 싸움을 하게 됐다. 내가 타고 다니는 차가 12년 되었고, 주행거리는 14만㎞를 넘어가고 있었다. 자동차 검사를 받으러 갔다가, 브레이크 계통에 문제가 있는 것으로 드러나 정비공장에서 집중 수리를 받고서 다시 검사받은 끝에 통과되었다. 그런데, 검사 후 30여 일 만에 차가 또 고장이 난 것이었다. 정비공장으로 차를 견인하여 어느 정도 비용을 주고서 2차 수리를 하였다.

그 후 차를 운행하다가 차의 계통에서 뭔가 모를 고장 징후가 나타나자, 집과 가까운 공업사로 가서 정확히 고쳐보아야겠다는 생각으로 3㎞ 정도를 운행하여 공업사 가까운 곳의 커브 길을 도는데, 차가 그만 멈춰버렸다. 편도 1차선 도로였는데 양쪽으로 주차된 차가 있어서 차 1대가 지나갈 수 있는 공간을, 내 차로 길을 막은 것이 되었다. 보험사에 연락하여 견인차가 오는 동안 차 뒤에서 '차가 고장나서 서 있으니 다른 길로 가라'고 유도했다. 모든 사람이 '그러냐'고 하면서 다른 길로 가는데, 오직 한 승용차가 내 차 앞으로 와서 "본인은 이 길을 지나가야 하니 비켜달라"고 하는 것이었다. 나는 "한가하여 여기 차 세운 것이 아니고, 고장 나서 다른 길로 가달라는 것인데 왜 그러냐."고 말했다. 그런데도 이 사람은 무조건 비키라고만 하는 것이었다. 나는 약간 짜증 내면서 말했다. "여기 도로가 편도 1차선이지만, 바둑판처럼 도로가 되어있어서 조금만 후진하여 목적지로 가면 되는데 참 이상한 사람이네"라고 했다.

그러자 그 사람이 내 차의 문을 열고 직접 운전해 보겠다는 것이다. 그래서 해보라고 하여 자리를 비켜줬다. 그는 직접 운전대에 올라 차의 운행을 시도했지만, 시동이 걸리지 않자, 차에서 내려오면서 "에이, 병신 새끼가 차도 병신같은 차를 갖고 다니네"라고 말하는 것이었다. 나는 그 말을 듣고 격분해서 "야! 잠깐만 지금 뭐라고 했냐?"며 말싸움이 시작되었다. 나도 말싸움은 지지 않는 성질이라 논쟁이 격해지자 심한 말을 했다.

"아이고 #만한 것이 까불기는 뭐 같이 까부네"라고 했더니 그 사람은 "내가 당신보다 키도 큰데 왜 #만하다고 하냐"라는 것이다. 그래서 나는 "말뜻을 이해하지 못하는 것 같은데, 네가 키가 크면 뭐하냐? 새벽 #은 서기나 하냐?"라며 욕을 했다. 그랬더니 "이 사람이 성

희롱하고 있다"며 화를 냈다. 그래서 나는 "당신이 먼저 시작했는데 나를 원망하지 말라"고 했다. 목소리가 점차 커지고 주변 가게 사람들이 나와 싸움을 말린 덕분에 그 운전자는 결국 후진하여 돌아갔다. 하지만 차를 견인해서 고장 수리를 한 이후에도 며칠간 장애인 비하 발언이 머릿속에 맴돌았다. 차의 고장 원인(하이드로백)은 나중에야 알았지만, 그날 일은 오래오래 머릿속 뇌리에 남아있다.

> 나에게 라디오는
> 세상을 바르게 살아갈 수 있게 한
> 스승이었으며,
> 한없이 너그러운 지식과 배움의 샘터였다.

라디오가 들려준 희망의 별

필자는 어린 시절 라디오를 즐겨들었다. 그 당시 라디오는 세상과 소통하는 유일한 창구였다. 눈으로는 보이지 않지만, 귀로 들으면서 라디오가 들려주는 이야기에 상상과 공감을 할 수 있었다. 이 시기에는 트랜지스터라디오였으며, 들을 수 있는 채널이 요즘처럼 많지는 않았다.

그래도 집안일을 할 때면 언제나 라디오와 함께했고, 냇가에 빨랫감을 가져갔을 때도 라디오를 들으면서 빨래하면 그나마 힘든 걸 잊을 수 있었다. 어린 시절 가장 즐겨들었던 방송은 〈5분 극 김삿갓〉과 〈내일은 푸른 하늘〉이었다. 직장생활을 할 때는 카세트테이프 플레이어 기능이 있는 라디오를 구매해 FM 음악방송을 즐겨 들었다. 밤이면 〈○○○ 음악 살롱〉을 들으면서 좋은 음악이 나올 때면 카세트의 녹음 버튼을 눌러 녹음해두었다가 나중에 듣기도 하였다. 나중에는 레코드 가게에서 사람들이 즐겨듣는 음악만 선별해서 복제한 카세트테이프를 판매하기도 했는데, 값이 싸서 그것을 구매해 음악을 즐겨듣기도 했다.

라디오는 음악뿐 아니라 나에게 많은 것을 가르쳐 준 지식 상자였다. 여러 가지 방송 프로그램을 통해 세상의 이야기를 들을 수 있었고, 인간이 살아가면서 갖추어야 할 상식이나 기본지식을 익힐 수 있었다. 그리고 시청자의 다양한 사연을 들으면서 함께 공감할 수 있는 라디오가 정말 좋았다.

이제는 스마트폰으로 유튜브에 접속하여 좋아하는 음악을 검색하여 반복적으로 들으면 되지만, 과거의 녹음테이프는 같은 음악을 계속 듣다보면 나중에는 테이프가 늘어져서 음악의 음이 다르게 들리기도 하였다.

나에게 라디오는 사람이 세상을 바르게 살아갈 수 있게 한 스승이었으며, 한없이 너그러운 지식과 배움의 샘터였다. 지금도 라디오는 언제나 내 곁을 지켜주는 다정한 친구다.

가슴속에 못다 한 내 이야기를
아는지 모르는지 하늘은 너무나도 청명했다.

올레길처럼
구불구불한 삶

장미의 계절을 재촉하는 비가 내렸다. 비가 내린 다음 날, 매우 청명한 하늘과 봄빛 날씨에 취하여 무심결에 간 곳이 있었다. 그곳은 수십 년 전 돌아가신 부모님 산소였다. 산소에 절을 한 후 산소 곁에 앉아서 물끄러미 산소를 보고 있으니 어머니의 생각에 만감이 교차했다.

어머니! 부르는 이름만큼이나 나와 어머니는 가깝고 먼 관계였다. 내가 보아온 어머니는 무척이나 악착같이 생활하시는 철인이셨다. 내 어린 시절 어머니는 스테인(그때는 '스댕'이라고 했다) 그릇을 보따리에 담아 머리에 얹고 집집마다 다니시면서 그릇 판매를 하셨고, 내가 7살 무렵에는 먼지 나는 시장에서 생선 장사를 하시면서 5남매를 키

우셨다.

　이렇게 생활력이 강한 분이지만, 어머니는 "못 배운 것이 죄가 되어서 생선비린내 맡으면서 시장에서 장사한다"라며 늘 한탄했다. 그러면서 어린 나에게 "다리가 불편하니 공부 열심히 해서 똑똑해져야 한다"라고 말하곤 했다. 당시 어린 나는 그 말뜻을 이해하지 못했지만, 성인이 된 지금은 이해할 수 있다.

　그렇게 열심히 생활하시는 어머니에게는 뜻하지 않은 일이 많았다. 그것은 다름 아닌 아버지 때문이었다. 해병대 출신이었던 아버지는 언제나 약주를 하시면 해병대를 앞세우며 평소 쌓인 불만을 어머니에게 욕설과 구타로 풀었다. 아버지의 갖은 폭력을 견디다 못해 어머니는 마침내 어린 5남매를 두고 집을 나가버렸.

　내가 초등학교(그때는 '국민학교'라 불렀다) 2학년 때였다. 어머니가 집을 비우자 순식간에 집안이 망가지기 시작했다. 아버지의 폭력을 피해 어머니가 집을 나갔을 뿐인데, 한 가정이 풍비박산 나버렸다. 그만큼 어머니의 손길이 절실했던 가정이었다는 의미였다.

　어머니의 가출로 인해 집안일은 모두 내 몫이 되었다. 형과 누나가 있었지만, 생계를 위해 형은 직장으로, 누나는 다른 가정집의 식모로 갔다. 어린 두 동생을 돌보는 것은 나의 몫이었다. 다른 집에서 식모살이하던 누나는 불행히도 화재사고를 당해 제대로 인생의 꽃을 피워보지도 못한 채 꺾어져 버렸다. 그때 누나의 나이는 13세 정도였을 것이다.

　많은 계절이 지나가고 5년쯤 지났을 무렵 어머니가 돌아오셨다. 그러나 어린 시기에 '엄마 없는 녀석'이라는 수군거림과 '졸락이'라는 놀림을 달고 살았던 나의 마음에는 이미 피멍이 들어 있었다. 그래서 나는 어머니와 사이가 좋지 않아서 마찰이 잦았다. 아버지는 어머니와 떼어놓는 차원에서 나를 목공소에 취직시켰다. 그 목공소는 공장에서 숙식했기 때문에 한 달에 두 번 쉬는 날에만 집에 들렀다.

　시간이 지나고 점점 자라면서 어머니를 이해하게 되면서 나의 분노는 누그러졌다. 그 후 아버지가 돌아가시고, 어머니와 관계는 어느 정도 원만해졌지만, 가슴속에 한 맺힌 응어리는 이야기하지 못했다.

　그러던 중 1999년 11월 초 어머니의 교통사고 소식을 들었다. 병원에서 어머니의 얼굴을 마주했을 때는 얼굴이 온통 피범벅이었고 이미 숨이 멎은 후였다. 그 순간 어머니가 살아계시는 동안 어머니에게 불만을 드러내기만 했고, 어머니의 실수를 온전히 이해해드리지 못한 것이 왜 그리 후회가 되었던지. 하염없이 흘러내리는 눈물이 앞을 가렸지만, 이미 돌아가신 분은 아무 말이 없었다. 그때 장례를 담당했던 사람이 내게 준 어머니의 은비녀는 아직도 내가 지니고 있지만, 그 당시 나는 어머니가 싫었다. 이렇게 어머니와 이별한 지 수십 년이 되고 있다. 가슴속에 못다 한 내 이야기를 아는지 모르는지 하늘은 너무나도 청명했다.

스스로 삶이 힘들어 죽음을 실행했던,
삶의 전환점에서 만난 소녀 가장과의 인연이
초여름 날씨에도 나의 몸을 움츠러들게 하였다.

소녀 가장의
키 작은 아저씨

        초여름 어느 날 작업장의 전화벨이 울렸다. 받아보니 무척 오랜만에 듣는 반가운 목소리였다. 내용은 서귀포에 볼일이 있는데, 마침 아저씨 생각이 나 전화를 하였다는 것이다. 그러면서 찾아뵈려고 하니 주소를 알려 달라고 했다. 정말 아주 오랜만에 보는 반가운 얼굴이었다. 차 한잔을 마시면서 이런저런 삶의 이야기를 나누고 바뀐 전화번호도 교환하며 이야기를 나눴다.
  이분과의 인연은 33년 전으로 거슬러 올라간다.
  필자는 유년 시절의 삶이 타인처럼 순탄하지 못하여 고난과 역경의 삶을 살았다. 집이 가난하여 초등학교 2년 중퇴를 하고, 집안일을 도맡아 했다. 15세 때는 집 근처 목공소에 들어가 사회생활을 시작했다. 그렇지만 어린 나이에 사회생활은 무척이나 힘들었고, 장애인에 대한 무시 발언이나 작은 키에 대한 놀림 등 수많은 것이 나를 슬프게 했다.

아침에 출근하기 위해 버스를 타면 교복 입고 등교하는 학생들이 그렇게 부러울 수가 없었다. 당시는 목공소에 일이 많아서 하루 10시간 또는 12시간 일하는 것이 다반사였다. 일을 마치고 나면 피곤이 물밀듯 밀려와 씻지도 못하고 아침을 맞이할 때도 있었다.

이런 반복되는 삶이 점차 싫어졌는데, 어느 날 누군가에게서 심각한 수준의 장애인 비하 발언을 듣고 심하고 거친 말다툼을 벌였다. 방에 들어와 울분을 참지 못하고 있다가, 수일 전에 쥐를 잡기 위해 구입해 둔 쥐약이 생각나서 마셨다.

몸의 장기에 통증이 밀려오고 흐트러져가고 있다고 생각했다. 이후 누군가가 나를 흔들어 깨우는 소리, 주변의 차 소리가 희미하게 들려왔다. 병원 응급실에서 응급처치와 위 세척 후, 3일간의 입원 생활을 마치고 병원을 나왔다. 직장 선배가 울음소리가 들려서 위로해 주러 방문을 두드렸지만, 응답이 없길래 황급히 문을 열어보니 쓰러진 채 고통스러워하고 있어서 서둘러 업고 병원으로 데려갔다고 했다. 입원 중에는 어머니가 곁에서 불효자식 걱정으로 많은 눈물을 흘리고 계셨다.

이 일이 있은 후 직장도 옮기고, 몇 년이 지나자 두 번째 삶을 좀 더 알차게 살고 싶은 마음에 그 당시 한국어린이재단에 연계 후원 신청을 하였다. 연계신청 대상자는 할머니와 남동생이 있는 초등 5학년의 소녀 가장이었다. 처음 얼굴을 접할 때 정말 앳된 소녀였다. 틈틈이 시간 내어 밥도 같이 먹고, 외곽지로 드라이브도 해주고, 고민도 들어주며, 잘 지냈다. 그러던 애가 고등학교를 졸업하고 얼마 지나지 않아서 결혼하였다.

한국어린이재단에서는 연락이 와서 연계대상자가 성인이 되었으니, 다른 어린이를 소개해주겠다고 제안했지만, 그 무렵에는 나도 결혼하여 자녀가 있어서 연계 후원을 중단했다.

그러고 나서는 오랫동안 잊고 지냈는데, 어느 날 나를 잊지 않고 찾아주는 사람이 있었으니 마음 한 곳에서 뜨거운 무언가가 올라오는데, 내색은 못 하고 웃으면서 배웅하였다. 그런데. 이 소녀 가장은 이야기 말미에 "저는 아저씨를 늘 기억하고 있으며, 나의 키다리 아저씨였다"라는 이야기를 남겨주었다.

스스로 삶이 힘들어 죽음을 실행했던, 삶의 전환점에서 만난 소녀 가장과의 인연이 초여름 날씨에도 나의 몸을 많이 움츠러들게 하였다.

38년 전의 나는
운전면허증 하나 취득하기가
고난의 길이었는데…

피땀으로 얻어낸 운전면허증

며칠 전 자동차 운전학원에 등록한 딸이 면허시험을 최종 합격하였다고 즐거워했다. 학원 등록한 지 5일 만에 합격이라니 좀 이해가 안 되었지만, 딸의 설명과 서류에 직인이 찍혀 있어서 맞는 것 같았다. 그리고 딸은 1월경 필기시험에 합격한 것이라 다른 사람보다 조금 빠르게 취득한 것 같았다.

딸에게 축하해주며 오래전에 나의 자동차운전면허 취득과정이 주마등처럼 떠올랐다.

1987년 10월 초쯤 갑자기 운전면허증을 취득하고 싶어서 병원에 가서 신체검사를 받으니, 장애가 있어서 <2종 보통에 한함>이라는 서류를 받았다. 서귀포 ○○ 자동차 학원에 등록하려니 그 학원에서는 1종 보통만 가르치고 있어서 2종 보통은 제주시로 가야 한다는 답변이었다. 그래서 제주시 용담동에 있던 자동차 학원에 등록하여 서귀포에서 아침 일찍 집을 나와 제주시를 오가며 운전면허 시험준비를 하였다. 필기교육과 기능교육을 열심히 받았고 필기는 3회 만에 합격하였다. 그런데 필기시험 이후 기능시험에 응시하려 하니, 면허시험 담당자가 "부산이나 서울에 있는 〈운동능력 측정기〉 테스트 합격서류가 있어야 기능시험에 접수할 수 있다"고 설명했다. 여러 차례 항의하였지만, 규정이라는 말에 가슴만 답답할 뿐이었다. 어쩔 수 없이 부산 강서 운전면허시험장에 가서 운동능력 측정기의 합격서류를 받고 나서야 기능시험에 응시할 수 있었다. 기능시험 2회 만에 합격하던 날이 12월이었는데, 그날 하얀 눈이 펄펄 내렸다. 이후 운전면허 시험 도중 눈 날씨로 인하여 기능시험이 중단되기도 했다.

　이렇게 나는 운전면허증 하나 취득하기가 고난의 길이었는데, 딸은 너무나 편하고 짧은 시간에 면허증을 취득하니, 과거와 지금의 운전면허제도가 이상하리만큼 차이가 있다. 지금은 제주운전면허시험장에도 〈운동능력 측정기〉가 있어서 면허증 갱신할 때 이용하고 있지만, 장애인과 비장애인의 차이점과 오토 차량과 스틱 차량 면허증이 따로 생긴 것도 참 특별하게 다가온다. 올해가 2025년이니. 운전면허증을 취득한 지도 38년 정도 되는 것 같다.

> 차바는 태국의 꽃 이름인데,
> 한국에 와서 꽃향기를 너무 많이
> 흩날리고 간 것 같다.

차바CHABA 태풍이 남긴 상흔

2016년 10월 4일 오후부터 바람이 서서히 거세지기 시작하더니 저녁에는 비도 내리기 시작하였다. 태풍 차바의 영향권에 서서히 들기 시작한 것이다.

밤 10시경부터는 밖에 나가기가 두려울 정도로 비와 바람이 거칠게 몰아쳤다. 자정 이후에 세찬 바람 소리에 눈을 뜨니 집 천장에서 물이 떨어져 방 주변에 물이 차 있다.

비바람과 많은 양의 비가 내리면서 지붕의 틈새로 물이 들어오고 있었다. 정전으로 인하여 불이 들어오지 않아서, 스마트폰의 라이트를 이용하여 급히 수건으로 방바닥의 물을 닦아내고 대야를 가져다가 물받이를 하였다.

방에 물이 들어왔다는 현실에 잠을 이룰 수가 없었다. 새벽 4시경에는 옆집의 비닐하우스의 비닐이 벗겨지면서 엄청난 소리가 났다. 비닐이 바람에 펄럭펄럭 날리는 소리에 신경이 날카로워졌다. 혹시나 내 집의 지붕도 날아가지 않을까 하는 걱정에 노심초사했다. 어둠이 걷히면서 바람소리는 잦아들었지만 비는 여전히 거칠게 내렸다. 오전 6시경에 밖으로 나와보니 집 주변이 온통 쑥대밭이 되어있었.

옆집 비닐하우스에 보관되어있던 물건들이 우리 집 마당과 나뭇가지 그리고 도로변에 널브러져 있고, 케이블 TV 선이 끊어져서 바닥에 떨어져 있었다. 동네 3층 집 옥상에 설치되었던 태양광 판넬이 떨어져 도로 주변과 근처 과수원에까지 날아가 있었다.

12시간 만에 태풍이 지나간 자리라고는 믿기 어려울 정도로 엉망이 되었다. 머뭇거릴 생각도 없이 대문을 열고 도로로 나가서 주변 정리를 시작했다. 비닐하우스에서 벗겨진 큰 비닐과 차광막을 칼로 잘라내, 주변에 놓고 비닐하우스에 보관되었던 물건들을 주워서 한쪽 구석으로 모아놓고, 케이블 선은 차가 밟고 지나지 못하게끔 정리도 하였다. 1시간 정도 정리를 하고 있으려니 옆집의 비닐하우스 담당자가 와서 함께 정리를 해줘서 작업이 수월해졌다.

태풍 차바는 역대 제주를 거쳐 간 태풍 중에 강도가 3위인 엄청난 태풍이었다. 비가 그치고 바람이 잦아드니 언제 비바람이 불었느냐 하는 듯이 오전 10시쯤에는 가을 햇살이 반짝였다.

그렇지만 새벽에 끊긴 전기는 들어올 줄을 몰랐다. 휴대전화의 배터리가 소진상태여서 차의 시동을 걸어 충전을 시작했다. 오후에는 침수된 방에서 물기를 닦아내고 방 정리를 하였다. 저녁 무렵에 잠시 전기가 들어왔는데 5분 지난 시점에 '펑'하는 소리가 들렸다. 전봇대의 변압기가 폭발한 것이다.

 다시 전기가 들어오지 않아서 저녁 식사 준비가 어려워지자 시내로 내려가서 모처럼 온 가족이 함께 외식하고 집에 돌아왔는데 여전히 전기는 사용할 수 없었다.

 촛불 5개를 사용하여 방을 밝히고 생활을 하였다. 밤 11시가 되어서 전력 수리용 크레인 차가 와서 변압기를 교체하고 나서야 비로소 집안이 환해졌다. 정전된 지 23시간 정도 된 것 같았다. 다음 날 아침 자녀 2명을 등교시키고 작업장에 들어와 작업 준비를 마치고 기계의 스위치를 올렸는데 전혀 작동되지 않았다. 이 기계가 문제가 생겼는가 하며, 다른 기계들의 스위치를 올렸는데 모두 작동이 되지 않았다.

 여러 곳에 전화하여 문의한 결과 건물 내부의 문제가 아니고, 전날 변압기 폭발로 변압기 주변의 퓨즈가 끊어질 수 있다고 하였다. 마음이 급한 나머지 한전으로 10여 차례 전화를 해보았지만, 전화 연결이 되지 않았다. 무척 화가 나서 직접 한전을 찾아갔다. 갈 때는 엄청난 어필을 하기 위해 달려갔는데, 막상 한전 직원들의 정신없이 바쁘게 움직이는 모습과 담당자가 연신 죄송하다는 말을 하면서 동분서주하는 모습을 보고는 거칠게 어필하겠다는 생각을 접고서 눈물로 하소연했다.

"제발 전봇대에 올라가서 퓨즈를 점검하여 달라"

이에 대해 한전 직원은 "너무나 많은 곳에서 정전이 발생해서 최대한 노력하겠다"라는 말만 하였다. 작업장에 돌아와서 전기가 들어오기만을 기다리면서 태풍이 지나간 지 이틀째를 보냈다. 근처 공장에서는 무슨 일이 있었느냐는 듯 기계 소리가 요란했다.

주변 가로등까지 모두 전기가 들어와 있는데, 왜 내 작업장의 동력인 380V 전기만 들어오지 않았는지 궁금했다. 태풍이 지나간 지 3일째인데도 작업을 하지 못하고, 한전이 와서 전기를 고쳐주기만 기다렸다. 며칠까지 납품하겠다는 약속을 지키지 못해 죄송하다는 사과 전화를 2곳에 한 후 서러움에 눈물이 났다. (세상을 살면서 크게 죄를 범하며 살지 않았는데 왜 나에게만 이런 시련이 생기는 걸까 하는 서러움이었다.)

그날 오후 6시 30분경 한전의 크레인차가 왔다. 변압기 쪽으로 가서 잠시 만지작거리더니 드디어 작업장의 불이 켜졌다. 너무 기쁜 나머지 환호성을 질렀다. 작업장의 기계 스위치를 올리니 3일간의 침묵을 깨고 요란하게 작동됐다. 한전 직원에게 연신 고맙다는 말을 하며 웃을 수가 있었다.

태풍 차바는 12시간 정도 제주도에 머물다가 지나가면서 한라산에는 660㎜의 비를 뿌렸고, 강한 비바람으로 큰 피해를 냈다. 당초 기상청 발표로는 일본 쪽으로 간다고 해 크게 대비를 하지 못한 탓에 제주지역 피해가 커졌다고 한다. 필자도 중형 태풍이라고 들어서 목재를 덮어놓은 철판을 잘 동여매지 않았다가, 철판이 날아간 곳까지 가서 주워오느라고 고생했다. 3일 동안 동력 380V 전기가 단전돼 작업 물량을 제때 채우지 못하는 피해도 겪었다. 이번 태풍으로 위험이 예고될 때는 사소해 보일지라도 철저하게 대비하는 지혜가 필요하다는 교훈을 얻었다.

다시는 만나고 싶지 않은 차바CHABA 태풍이었다. 차바는 동남아에 있는 태국의 꽃 이름인데, 한국에 와서 꽃향기를 너무 많이 흩날리고 간 것 같다.

'늘天과 땅地이 만나서 이룬 못淵'

하늘과 땅이 만난 곳, 천지연 폭포

장애인 주차 구역 : 5면
입장료 성인 : 2000원, *장애인과 제주도민 무료입장*
장애인 화장실 : 있음

    제주특별자치도의 대표 관광지 천지연 폭포를 찾아왔다. 천지연 폭포는 천지연 상류에 있는 솜반천에서 흘러내리는 냇물이 절벽을 타고 떨어지면서 폭포를 이룬다. 높이 22m, 너비 12m로 물줄기는 네 갈래로 떨어지는데, 비가 많이 내리는 날에는 떨어지는 물줄기가 더 늘어난다고 한다.
    매표소에서 장애인 등록증을 보여주고 무료입장했다. 매표소와

검표소와의 거리는 150m 정도. 이어서 검표소에서 폭포까지 거리는 400m이다. 사람에 따라서 폭포까지 가는 길이 멀다고 할 수도 있고, 가깝다고 할 수도 있다. 하지만 폭포까지 가는 길에 여러 가지 볼거리와 사진 촬영 맛집이 많아, 군데군데 사진을 찍으면서 천천히 폭포에 다다랐다. 거대한 물줄기가 시원하게 흘러내리는 장관이 눈앞에 펼쳐졌다. 소리 또한 묵은 스트레스를 한꺼번에 날릴 정도로 시원함을 느끼게 하는 아름다운 소리였다.

천지연 폭포 주변 난대식물지대와 담팔수나무는 각각 천연기념물로 지정돼 있으며, 폭포 내 하천에 서식하는 무태장어도 천연기념물로 지정돼 있다. 폭포 주변은 넓은 공간과 아름다운 주변 풍경이 있어서 잠시나마 별천지에 와 있는 듯한 기분에 빠져들었다. 천지연 폭포와 어우러진 푸른 하늘을 홀린 듯 바라보다 하천 바닥을 보니 물이 맑아서 수심이 조금 깊어 보이는 곳에도 바닥이 훤히 보였다.

폭포를 관람하고 돌아 나오는데, 큰 가지가 다섯 갈래로 퍼져있는 40년생 정도 되어 보이는 후박나무가 참 특이해 보였다. 향후 천지연의 새로운 명물이 될 것이라 기대해 본다.

그리고 천지연 폭포에는 1943년부터 1972년까지 수력발전을 했다는 설명서가 있었다. 처음 수력발전은 165kw 생산했었는데, 전력 수요가 늘어서 1966년에는 추가 설비 250kw 설치하였다. 이후 1970년에 한림 발전소가 전력을 안정적으로 공급하게 됨에 따라 천지연 수력발전소는 철거되었다고 한다.

　천지연 폭포에는 야외공연장이 있는데, 여름철 제주국제관악제의 대표적인 야외공연장이다. 야외공연장 너머에 거대한 바위들이 병풍처럼 둘러져 있어서 공연하기에 최적의 장소라고도 한다.

　되돌아 나오는 길에 다시 눈에 띈 것은 〈서귀포 칠보공예〉라는 토산품매장이었다. 휠체어가 진입할 수 있고, 제주지역 어디에서도 볼 수 없는 상품들이 많이 진열되어 있었다. 매장 내 인테리어 가운데 최근에 한 것같은 삼나무 상품 진열장이 고와 보였고, 귀엽고 앙증맞은 물건들이 많이 전시돼 있었다. 토산품매장을 빠져나오니 후각을 자극하는 향기로운 냄새가 나를 유혹했다. 천지연 휴게소라는 간판 보이고, 그곳에는 다양한 먹거리와 함께 각종 관광기념품을 전시 판매하고 있다. 갈증이 나던 차에서 시원한 음료를 사서 그늘 속 석재탁자에 앉아 마시면서 잠시나마 시원함을 가졌다.

　제주도의 대표 관광지인 천지연 폭포는 '하늘天과 땅地이 만나서 이룬 못淵'이라는 의미다. 제주도가 우리나라의 대표 관광지로 개발되기 시작할 무렵인 1972년부터 유료관광지로 지정됐다.

　연간 100만 명 이상이 찾는 관광지로 관광객들의 이해를 돕기 위해 관광 해설사가 오전 10시부터 오후 5시까지 활동하고 있다. 또 휠체어와 유모차를 대여해 주고, 물건 보관함도 설치 운영되고 있다. 이와 함께 장애인 화장실과 모유 수유실까지 갖추고 있다. 운영시간은 오후 10시까지여서 야간 관람도 가능하지만, 매표소에서 오후 9시 20분까지 입장권을 구매해야 한다.

  서귀포에서 50년 넘게 지내고 있지만, 이번 여행작가 취재로 인하여 가볍게 알고 있던 천지연 폭포의 이모저모를 새롭게 알게 되는 계기가 되었다.

차 열쇠를 잃어버려서 차 키를 찾느라 2시간을 보내고 맘고생 한 것을 생각하니 그날은 무척 몸도 피곤하고 기분도 남다르게 다가왔다.

차 열쇠는 어디에

긴 여름의 무더위를 보내고 억새 빛이 조금씩 아름다워질 무렵 제주 어느 곳에서든 후손은 조상님의 산소를 찾아 벌초한다. 과거 본인도 벌초하기 위해 외삼촌 댁으로 가서 외삼촌이 운전하는 경운기 화물칸에 타서 비포장도로를 경운기 소음과 함께 지나 산소 벌초를 다녀온 적이 있었다. 그러면서 외삼촌에게서 이 산소는 누구고, 저 산소는 나와 몇 촌 관계라는 것을 들었지만, 지금은 기억이 하나도 없다. 산업의 발전으로 내가 직접 운전을 하게 된 후에는 경운기 타고 벌초 가는 일은 없어졌지만, 오늘 문득 그때의 기억이 어렴풋이 다가온다.

본인은 몇 년 전에 혼자서 산소 벌초를 간 적이 있다. 음력 8월 초

하루를 5일 되기 전이여서인지 공원묘지 입구를 조금 지나니 많은 풀이 자라있어서 조심조심 걸어갔는데도 그만 덩굴에 걸려서 넘어지고 말았다. 넘어진 아픔도 있었지만, 산소 벌초가 우선이라서 넘어진 곳에서 예초기 장비를 가동하여 풀을 치면서 벌초해야 할 산소까지 길을 만들어서 들어갔다. 산소 2기를 벌초한 후에 베어낸 풀을 한곳으로 옮기고 산소에 절을 올린 후 차로 돌아왔다.

그런데 아무리 찾아도 차 열쇠가 없는 거였다. 그래서 벌초 한 곳으로 돌아가서 풀 버린 곳 등 여러 곳을 찾아보았지만 차 열쇠는 찾지 못했다. 무척이나 난감하여 물을 한 모금 마시고 처음 이곳을 도착한 그 시점부터의 기억을 되돌려보았다. 그리고 생각해 낸 것이 입구에서 넘어졌던 기억이 생각나서 그곳으로 가 반경 4m를 열심히 찾아보았지만 차 열쇠는 없었다. 달리 할 것이 없이 차 보험사로 전화했더니 "차 문 잠긴 것은 출동할 수 있지만, 차 열쇠를 잃어버린 것은 출동이 불가하다"라고 하였다. 내가 생각해도 이는 맞는 이야기였다. 그래서 다시 한번 차 열쇠를 찾아보려고 마음먹고 이번에는 넘어진 곳의 반경을 넓혀서 찾기 시작했더니 넘어진 자리에서 7m나 떨어진 풀에 묻혀 있는 것이 보였다. 나는 도무지 이해가 가지 않았다. 어떻게 넘어지면서 차 열쇠가 7m나 튀어 나갈 수가 있는지.

산소2기 벌초 한 시간은 1시간 30분, 그렇지만 차 열쇠를 잃어버려서 차 키를 찾느라고 2시간을 보내고 맘고생 한 것을 생각하니 그날은 무척 몸도 피곤하고 기분도 남다르게 다가왔다.

　이 일을 겪은 이후부터는 벌초 철에는 음력 8월 초하루 시점에 벌초하러 다니지 않고, 여러 사람이 벌초가 끝난 3~4일 후 지난 시점에 벌초하니 주차 전쟁 등 여러 문제가 안 생기니 좋아서 올해도 다른 분들보다 4~5일 늦게 친인척 산소 벌초를 위해 묘소로 향한다.

2
CHAPTER

차가운 편견의
벽을 넘어

공공기관의 민원인 응대법

폭설만큼이나 무거운 삶의 무게

온갖 사고와 함께 익힌 목공 기술

그래도 세상은 살만한 곳

헤어나올 수 없는 볼링의 매력

관심과 사랑으로 만든 장애인볼링협회

꿈에도 생각 않았던 공항 노숙

기다림에 지쳐버린 아쉬운 전국체전

제주어 배우기

역경을 딛고 일어선 어린 시절

아이들이 어버이날이라고
가슴에 카네이션을 달아주는데,
알 수 없는 쓸쓸함이 가슴을 울렸다.

공공기관의
민원인 응대법

2018년 10월경 태풍 콩레이가 지나가는 시점에 태풍 대비에 정신이 없는데, 전화벨이 울렸다. 아동학대신고가 접수되었으니 아동보호기관으로 방문해 달라는 전화였다. 필자는 펄쩍 뛰면서 '그런 일을 한 적이 없다'며 전화를 끊었다. 몇 번 더 전화가 오자 태풍이 지나간 다음 이야기하자고 했다.

며칠 지나자 아동보호기관이 다시 전화를 걸어 방문해주도록 요구했다. 그리하여 나는 아동보호기관을 방문해 "왜 생사람을 잡아 사람을 피곤하게 하느냐"며 신고 접수 내용을 알려달라고 따졌다. 아동보호기관은 자녀의 인적사항을 요구했고, 그 외 신고내용이나 관련 사항은 모두 비밀이라서 알려줄 수 없다고 했다. 화가 나서 자녀의 인적사항을 알려주고 "너희들이 빨리 가서 확인하고, 사실이 아니면 나에게 사과해라"라고 말한 후 소파에 가서 버텼다.

아동보호기관 측은 확인하고 나중에 통보해 주겠다며 집에 가서 기다리라고 말했다. 나는 "2시간이면 확인될 것을 뭐하러 다음을 기다리느냐"며 소파에 계속 앉아있었다. 20분 정도 소파에 앉아있었는데, 곁에 있던 경찰관이 "당신을 퇴거불응으로 긴급 체포하겠다"며 곧바로 집행했다. 꼼짝없이 긴급체포되어 중동지구대에 가서 1시간 가량 조서를 작성하고, 다시 서귀포경찰서 형사계로 가서 2차 조사를 받은 뒤 풀려날 수 있었다.

정말 어이없었다. 내가 하지도 않은 일을 했다고 한 데 대해 거칠게 항의했다고 이래도 되는 건지 의문이 들었다. 집에 돌아와서도 마음이 안정되지 않았다. 집을 나와 2km쯤 버스 타는 곳까지 걸어가면서 많은 생각을 했다. 제주시 터미널 근처에서 하룻밤을 묵고, 다음 날에도 마음이 정리되지 않아 제주공항으로 가서 항공권을 구했다. 잠시나마 몸과 마음이 제주도를 떠나고 싶었다. 제주공항 출발탑승구 입구에서 탑승시간을 기다리며 앉아있는데, 서러움에 하염없이 눈물이 흘러내렸다. 마음속으로 억울하다는 생각이 한가득했다.

김포공항에 도착하자 맹렬한 추위가 나를 더욱 움츠러들게 했다. 10월로 접어든 데다 태풍이 지나간 후라 더욱 추웠다. 김포공항에서 이동할 곳을 정하지 못하고 망설이다가 춘천행 버스를 타고 춘천고

속버스터미널에 내렸다. 마트에 가서 먼저 옷을 구입해 바지 길이를 수선하고, 입고 있던 작업복을 갈아입었다. 제주도를 떠나왔다는 생각에 마음이 조금 편해졌다. 날이 어두워져 터미널 근처 모텔에서 숙박하고, 다음날 춘천 시내를 둘러보았다. 그리고 아동보호기관에 다시 전화해 내가 아동학대를 한 것이 맞느냐고 물었더니, 확인 결과 아동학대신고가 허위로 판단된다는 답변이었다. 그렇게 내가 자녀를 학대한 적이 없다고 할 때는 내 말을 안 믿더니, 이제라도 진실을 알아주니 고맙다고 했다.

아동학대 혐의가 풀렸다고 생각하자 마음이 한결 가벼워졌다. 춘천에서 하룻밤을 더 묵은 뒤, 집으로 돌아와서 자녀들에게 말없이 집을 나간 것에 대해 사과했다. 그리고 앞으로 내가 갑자기 사망했을 때 재산 분할에 대한 설명을 해주었다. 이후 이 사건은 까맣게 잊고 있었는데, 2019년 5월경 검찰로부터 퇴거불응에 따른 벌금 고지서가 나왔다. 벌금은 50만 원이었고, 기한 내 납부 시 40만 원으로 감면해 준다는 내용까지 있었다.

나는 화가 나서 정식 재판 서류를 작성하여 법원 민원실에 넣었다. 1심 재판에서 필자의 항변 요지는 이렇다. 당시 자녀 학대 허위신고가 접수된 데 대해 정확한 신고내용을 알아야 소명하는데 그러한 기회도 주지 않았다. 그래서 조속한 사실 확인을 바라며, 아동보호기관 내 소파에 20여 분 앉아있던 것밖에 없다. 그런데도 경찰이 무리하게 퇴거불응으로 긴급체포했다. 아동학대신고 건은 사실 확인조사 결과 사실무근인 것으로 판명 났다. 그러면 경찰의 긴급체포 행위도 취소해야 하는 것 아니냐는 것이었다.

하지만 1심 선고 결과는 벌금 30만 원이었다. 어쨌든 유죄라는 의미였다. 1심 재판에서 필자는 아동보호기관에 접수된 신고내용을 열람할 수 있도록 요청했다. 모든 원인이 그 허위신고에 있다고 판단해서였다. 그러나 재판부는 끝내 허가하지 않았다.

많은 생각 끝에 2심을 신청했다. 2심에서는 신고내용 열람보다는 공공기관이 허위신고를 접수해놓고는 조속한 사실 확인을 바라는 민원인에게 퇴거불응으로 법적 조치를 하는 것이 맞느냐, 21세기 민주주의 시대에 너무 권위적인 행위가 아니냐 하는 점에 초점을 두었다. 하지만 코로나19로 인해 2심 재판이 한 차례 연기됐고 변론기일도 한 차례 연기되는 등 차일피일 미뤄지다가 2020년 11월경 2심 재판을 마쳤다. 결과는 1심과 마찬가지로 30만 원의 벌금형에 처한다는 내용이었다. 고민 끝에 다시 대법원에 정확한 판단을 요청했지만, 대법원에서는 1심과 2심이 같은 판결을 내린 것에 대해 원고의 요청을 각하한다는 결정문이 송달됐다. 대법원의 각하 결정서류를 받고 언제쯤 벌금 고지서가 나올까 기다렸는데, 2021년 3월 말경 휴대전화로 문자가 들어왔다. 조만간 벌금 고지서가 발송될 예정이며, 4월 8일까지 납부해야 한다는 내용이었다. 며칠 지나지 않아 벌금 고지서를 받았다. 벌금 고지서를 받아드니 지난날의 기억이 파노라마처럼 스쳐 지나갔다.

한 삼일 정도 심사숙고 끝에 컴퓨터 앞에 앉아서 나의 입장문을 작성하여 등기우편물로 검찰청에 보냈다. 글 내용은 벌금 낼 돈이 없으니 우편물을 보내지 말고 신속히 노역장을 바란다는 것이었다. 검찰청에 우편물을 보내고 5일 정도 지나 검찰에서 연락이 왔다. '요즘 코로나19 바이러스로 인해 노역장 유치가 어려우니 벌금을 나누어 낼 수도 있으므로 벌금을 내는 것이 어떠냐'라는 전화였다. 나는 귀찮게 하지 말고 빨리 노역장을 실행해 달라고 이야기하고 전화를 끊었다.

이후 한동안 벌금 고지서 우편물이 세 차례나 왔지만 대응하지 않았다. 검찰도 짜증이 났는지 5월 7일 오전에 전화가 왔다. 요청한 대로 노역장에 유치할 테니 당일 오후 4시 30분까지 검찰청으로 오라는 내용이었다. 막상 전화를 받고 보니 다시 고민이 됐다. 과연 노역장이 나은지, 아니면 벌금 20만 원 납부가 나은 것인지 생각했다. 아무리 생각해보아도 요즘 코로나19로 인해 일이 없으니 집에서 놀고 있는 것보다 노역장을 받고 벌금 낼 돈은 생활비로 쓰는 게 이익이라고 판단했다. 당일 오후 3시경 남원읍 하례리 환승센터에서 버스를 이용해 검찰청에 가서 신원조회 후 20분 정도 앉아있다가 제주교도소로 이동했다.

교도소 입소에 앞서 코로나19 검사를 받고 교도관 4명 앞에서 2

차 신원확인과 가족관계 등 질문사항에 답하고 옷을 모두 탈의하여 교도소에서 주는 옷으로 갈아입고, 교도소 정문을 통과한 지 1시간 10여 분만에 감방으로 입감되었다. 수형번호는 ○○○번이었다. 감방은 1인실이고 화장실을 포함해 1평 반 정도밖에 되지 않았다. 그 공간에 자살 방지시설과 감시용 CCTV 등의 시설이 갖춰져 있었다.

복도로 돌아다니는 사람에게 펜과 종이를 부탁했다. 그 사람은 필자가 다음 날 나간다는 것을 알고 입소 때 받은 치약과 기타 물품을 주면 펜과 종이를 구해주겠다고 했다. 기꺼이 그것들을 내주고, 펜과 종이를 받아 오늘을 기억하기 위해 열심히 적었다. 종이가 부족하여 1장을 더 부탁하고, A4 3장 중간쯤 적었을 때 소등 시간이 다 되어가니 펜을 되돌려 달라고 하여 어쩔 수 없이 글쓰기를 멈춰야 했다. 잠시 후 소등이 되었다. 한밤중의 감옥 안은 적막했고, 나는 잠이 들 수 없었다. 자정 무렵 교도관이 와서 혈압 체크를 하면서, 사람이 사는 동안 실수는 많이 하지만 나 같은 사람을 처음 본다고 하였다. 보통 사람들은 20만 원 정도면 벌금 내고 마는데, 당신은 노역장을 택하다니. 감옥 견학 온 것도 아니고…"라며 답답하다는 듯이 말했다.

그렇게 다음 날 아침을 맞았고 새벽 5시경 교도관이 와서 철장 문을 열고 ○○○출소라고 했다. 전날 입소 때 신체검사를 받았던 곳으로 가서 원래 입었던 옷으로 갈아입고 교도소 정문을 나왔다. 이른 시간에 교도소를 나온 탓에 버스 운행시간표를 확인해보니 1시간 정도 더 기다려야 첫차가 오는 것으로 되어 있다. 막연히 앉아 기다리기보단 좀 걷는 게 나을 듯하여 버스터미널 방향으로 걷기 시작했다. 그런데, 맥이 풀린 탓인지 걷기가 힘들었다. 결국 얼마 가지 않아 다시 버스정류소로 돌아왔다. 한참 기다린 끝에 버스를 타고 터미널까지 간 다음 서귀포행 버스를 갈아타고 내 차를 세워두었던 환승센터에서 하차했다. 다시 내 차를 타고 집으로 돌아오자 아내는 어디서 외박하고 왔냐며 짜증을 냈다. 달리 할 말이 없었다.

공공기관에서 내가 하지도 않은 일을 했다고 하여 항의했더니 다른 죄목으로 벌금청구서를 받았다. 많이 억울했지만 악법도 법이라 하니, 힘없는 서민은 받아들이는 수밖에 없는 것인지 알 수 없다. 노역장을 마치고 돌아온 날이 어버이날이었다. 아이들이 어버이날이라고 가슴에 카네이션을 달아주는데, 알 수 없는 씁쓸함이 가슴을 울렸다.

많이 내린 눈의 무게만큼
나의 삶의 무게도 무거웠다.

폭설만큼이나
무거운 삶의 무게

눈이 내렸다. 아름답고 따뜻한 남쪽 나라인 제주도에서도 가장 남쪽인 서귀포에 엄청난 눈이 내렸다. 쌓인 눈을 한곳으로 치운 것을 보니 작은 산 같았다. 2016년 1월 18일경 오랜만에 소복이 내리는 눈이 아름답기 그지없었다.

그런데 1월 22일부터 3일간 눈이 다시 내렸다. 많은 눈이 내리기 시작하면서 뉴스에서는 제주도에 32년 만에 큰 눈이 내렸다고 보도했다. 그리고 뉴스는 점점 심각해지는 제주국제공항의 마비 상태를 시시각각 알리기 시작했다.

필자는 2016년 1월 16일에 교통사고를 당해 서귀포의료원에 입원 중이었다. 사고 당일 오전 의귀리에서 "책장을 만들려고 하는데 와서 견적을 내달라"고 하여 의귀리에 가서 견적을 승인받고 돌아오는 길에 상효동 ○○농자재 근처 4거리에서 앞서가던 렌터카의 갑작스러운 우회전에 깜짝 놀라 브레이크를 밟으면서 핸들을 왼쪽으로 돌렸다.

순간 뒤에서 '꽝'하는 소리가 들렸다. 브레이크를 밟고 있는데도 차는 계속 움직여 30여 m쯤 원을 그리며 미끄러지다가 멈추었다.

차에서 내려 상황을 보니, 밀감을 가득 싣고 내 뒤를 따르던 트럭이 긴급 상황에 대응하지 못하고, 내 차를 뒤에서 추돌한 것이다. 차의 뒷면을 보니 많이 부서지고, 뒤창의 유리도 박살이 났다.

화가 나서 따지려고 움직이는 순간, 오른쪽 옆구리가 아파서 그 자리에 쓰러지고 말았다. 주변 사람들이 119에 신고해 준 덕에 소방서 응급차를 타고 서귀포의료원 응급실로 이송돼 엑스레이를 찍고 결과를 기다렸다. 검사 결과 담당 의사는 큰 문제는 없는 것 같다고 하였다.

'옆구리가 계속 아픈데 문제가 없다니…'라고 생각하는 중에 의사는 정확한 검사를 위해 CT를 촬영해 보자고 하여 다시 CT 검사에 들어갔다. CT 검사 결과 오른쪽 요추 2번 돌기 뼈가 부러진 것으로 진단됐다. 뼈가 부러졌다는 말에 갑자기 서글퍼졌다. 하늘이 선물한 지체장애 4급으로 이 험한 세상을, 소위 말하는 '깡'으로 살고 있는데, 교통사고로 몸을 다칠 것이라고는 전혀 생각하지 못하고 살았기 때문이다.

의사는 입원해서 치료를 받아야 된다고 말했다. 하지만 나는 이 현실을 받아들이기가 너무 어려웠다. 잠시 생각에 잠겨 이것저것 떠올려 보았다. 여러 가지 생각이 한꺼번에 떠올라 머리를 복잡하게 하였다. 우선 후배에게 전화를 걸어 상황을 설명하고, 작업장으로 와 달라고 한 후 의사에게 지금 일을 하다가 마무리하지 못한 것이 있으니, 마무리하고 돌아와서 입원하겠다고 말했다. 의사는 몸을 움직이면 안 된다고 했지만, 나의 고집에 마지못해 수락하자, 나는 곧바로 작업장으로 달려가 아픈 몸을 참으며 후배의 도움으로 작업을 마무리하였다. 그리고 오후 6시경 다시 의료원 응급실로 가서 입원 신청했다. 하지만 토요일이었던 탓에 빈 병실이 없어서 다음 주 월요일쯤 병실이 나올 때까지 응급실에 머물 수밖에 없다는 답변을 들었다.

옆구리 통증이 심해져서 어쩔 수 없이 응급실 병상에서 진통제를 투여받고 잠시 눈을 붙였다. 밤새 응급실을 찾는 환자들이 많아서 쉽게 눈을 붙일 수가 없었다. 누워서 병원의 하얀 천장을 보고 있으러니 알 수 없는 슬픔이 밀려와 눈물이 뺨을 타고 흘러내렸다.

한겨울의 기나긴 긴 밤을 응급실의 소음과 보내고 나니 다음 날 아침 몸이 더 아팠다. 다행히 오전 10시경 간호사가 병실이 나왔다고 알려줘 응급실을 벗어나게 되었다. 입원실은 2층이었다. 병실을 옮겨서 소음이 줄어들게 되자, 정신적 스트레스가 낮아진 만큼 아픈 곳으로 온 신경이 집중됐다.

입원 셋째 날, 월요일이 되자 병원은 정상적으로 움직였다. 담당 전문의도 정해졌고 다시 CT 검사를 하여 추가적인 문제점도 찾아냈다. 담당 전문의는 "요추 2번이 부러졌지만 수술할 필요는 없다"고 진단하고, "완치까지는 환자의 특성에 따라 다르지만 40일 정도 걸릴 것으로 보인다"고 설명했다.

입원하고 5일 정도 지나자 통증이 완화되기 시작했다. 병원 휴게실로 가니 얼굴이 낯익은 사람들과 대화도 나누었다. 부서진 차의 수리와 입원 치료 비용, 정신적 피해, 부상으로 일하지 못하게 된 문제 등에 대해 여러 가지 조언을 들었다.

병원 입원 3일 만에 내린 눈에는 집에 별다른 문제가 없었다. 그런데, 일주일 뒤에 내린 3일간 계속된 폭설 때 토평공단 집의 수도관이 2곳이나 터져서 물이 새고 있다는 연락을 받았다. 수도 설비하는 후배에게 전화했더니, "일이 너무 밀려서 며칠 걸린다"고 하였다. 아내에게 전화해 수도의 메인 밸브를 잠그고 필요할 때만 열어서 사용하라고 했다. 하루가 지나자 다른 한 곳에서 또 물이 세고 있다고 연락이 와서 아내에게 철물점으로 가서 부속을 사서 집에 가져다 놓으라고 하였다. 저녁 6시경 병실을 나와서 택시를 타고 토평공단 집에 오니 의료원 근처의 눈과는 차이가 날 정도로 많이 쌓여 있었다. 1시간 동안 작업 끝에 수도를 고쳐놓고 다시 병실로 귀가했다.

병실 생활 10여 일이 지나자 병문안 오는 사람도 줄어들고, 늘 먹던 식사도 맛이 없어지고, 주사기를 든 간호사가 총을 들고 있는 간수로 보이기도 하였다. 담당 주치의에게 퇴원 여부를 문의하자, 퇴원하여도 큰 문제는 없다고 답변했다. 짧은 달인 2월을 병실에서 보내고 싶지가 않아서 결국 입원 14일 만에 퇴원했다.

  같은 병실 사람들이 사고피해 보상이나 조기 퇴원 후 후유증 등을 들며 만류했지만, 퇴원을 강행했다. 돈 몇 푼보다는 나의 삶이 중요하다는 것이 내 생각이었다. 집에 돌아오니 집 주변이 엉망이었다. 1999년 처음 개업할 때 심었던 선인장이 추위를 견디지 못해 죽어있었고, 눈이 내린 지 한참이 지났는데도 구석에 눈이 쌓여 있었다. 퇴원 후 10여 일간 일이 없어서 몸조리하며, 부서진 차를 폐차 신청하고 여러 가지 밀린 사무적인 일을 처리했다. 정말 많이 내린 눈의 무게만큼 나의 삶의 무게도 무거웠다.

언제까지 목공인으로 지낼지는 모르지만,
마지막 순간까지 목공기술자로
최선을 다할 것이다.

온갖 사고와 함께 익힌 목공 기술

2025년, 올해로 목재를 만지는 목공인으로서 전문 직업인이 된 지도 44년이 됐다. 처음 목공 일을 시작할 때는 이 일이 얼마나 위험한 일인지도 모르고 덤볐다. 당시에는 장애를 가진 어린 필자를 데리고 일을 하겠다고 하는 곳은 목공소밖에 없기도 했다.

목공 일을 배우며 2년 정도 지났을 무렵 기계를 잘못 작동하는 바람에 오른쪽 새끼손가락이 절단되는 사고를 겪었다. 1983년경 일이다. 당시만 하여도 손가락 접합은 생각도 못 할 때였다. 병원비도 비싸서 진통제조차 구하기 어려웠다. 손가락이 잘릴 당시 나이는 17세. 며칠 동안 밤낮 가리지 않고 계속된 통증, 그 고통은 수십 년이 지난 지금도 트라우마로 남아있다.

두 번째 큰 사고는 겨울에 목공소 일이 너무 많이 밀려서, 야간작업 하다가 일어났다. 목공기계 사용 중에 손바닥이 기계에 들어간 것이다. 손바닥의 살이 파여서 뼈가 보였다. 직장 동료의 차를 타고 눈 내리는 그 밤에 응급실로 달려갔지만, 전문의가 없어서 지혈하고 진통제 처방만 해 줄 뿐이었다. 그 겨울밤 고통 속에 창밖의 눈 내리는 풍경은 한겨울 들판에 홀로 서서 추위에 떨고 있는 나를 보는 듯했다.

날이 밝아 전문의가 출근하고 나서야 비로소 손바닥 수술과 치료를 하였다. 보름 정도 지난 뒤 허벅지 살을 떼어내 손바닥에 이식하는 2번째 수술을 받았다. 20여 일간 병원 생활을 마치고 퇴원했지만, 목공기계에 대한 두려움으로 보름 정도 더 휴식을 취한 후에 간신히 다시 목공 일을 할 수가 있었다.

세 번째는 2014년에 일어난 일로 부주의로 인해 화상을 입는 사고였다. 작업장에서 시너 통의 유증기 제거를 깜빡 잊고 시너 통을 그라인더로 절단하다가 유증기 폭발사고를 당했다. 이 사고로 인해 119에 실려 응급실로 이송돼 검사 결과 얼굴에 2도 화상 진단을 받았다. 응급처치를 받고 집에 와서 거울을 보니 억장이 무너져내렸다. 얼굴은 시커멓게 부어있고, 눈썹은 모두 타서 없어지고, 화상 부위가 심한 곳은 얼굴이 당기는 느낌이었다. 집에 심어 있는 선인장을 가져다 넓은 면을 세로로 썰어서 화상 부위에 붙여놓았다.

3일 정도 지나니 얼굴에 부기가 빠지면서 얼굴 형태는 원래 모습으로 되돌아가고 있었지만, 눈썹이 모두 사라져버렸다. 눈썹이 없어지자 눈을 보호하지 못하는 탓에 작업할 때 톱밥 가루가 눈으로 들어왔다. 눈썹이 없어서 작업하기가 무척 어렵다는 것을 깨닫자 작업장의 문을 잠그고 가족과 함께 여행을 갔다. 그 이후에 눈썹도 자라고 화기에 그을렸던 얼굴도 조금씩 원래 얼굴로 돌아왔지만, 당시만 해도 얼굴에 화상 흉터를 달고 지내는 것은 아닐까 노심초사하며 지냈다.

  이후로도 크고 작은 상처로 정형외과를 자주 다니고 있지만, 이제는 차가운 수술대에 누워있는 것 자체가 두렵다. 이렇게 힘든 목공일을 직업으로 갖고 있으니, 성격도 더욱 까칠해지는 것 같다. 언제까지 목공인으로 지낼지는 모르지만, 그래도 마지막 순간까지 목공 기술자로 최선을 다할 것이다.

> 살면서 오래오래 기억될
> 아름다운 추억 하나가 가슴 깊은 곳에
> 따뜻하게 자리 잡았다.

그래도 세상은 살만한 곳

2022년 8월 28일 목공예 기능사 필기시험이 있던 날의 에피소드다. 며칠 전 부모님 산소에 벌초 다녀오고 난 후, 예초기를 메고 일을 해서 그런지 허리가 온전하지 못했다. 이틀간 온열 찜질을 하며 누워있었다. 때마침 후배가 방문하여 이런저런 이야기를 나누다가 후배가 "기능사 필기시험이 언제냐"고 물었다. "오늘 오후 1시 30분까지 산업인력공단 시험장에 가야 한다"고 대답했다. 후배는 "다른 사람은 보통 오전 중에 시험을 보러 가는데, 형님은 오후에 시험을 보러 가네요. 역시 남다른 데가 있네요"라면서 점심을 사줄 테니 먹고서 시험 합격하라고 말해, 후배의 차를 타고 집에서 좀 떨어진 식당으로 점심을 먹으러 갔다.

흑돼지 짬뽕을 시켰는데, 어라, 짬뽕 그릇에 면은 없고, 채소와 국물만 있었다. 그래서 음식을 잘못 가져왔다고 말하려는 순간 직원이 와서 "음식을 잘못 가져 왔다"며 바꿔주었다. 식사를 잘 먹고, 후배의 차에 타려고 가는데 갑자기 후배가 키를 차 안에 놓고 문을 잠궈버렸다며 당황해 했다.

갑자기 난감해졌다. 1시 30분까지 산업인력공단 제주지사에 도착하여 1년에 한 번밖에 없는 필기시험을 치러야 하는데, 급한 마음에 일단 택시를 불렀다. 다행히 택시가 잠시 후에 온다고 답신이 와서 후배는 차 키를 가지러 사무실에 갔다 와야겠다며 가버렸다.

그런데 잠시 후에 온다던 택시가 오지 않아 노심초사하고 있는데, 전화벨이 울렸다. 택시였다. 밖에서 기다리고 있다고 했다. 그래서 나도 "밖에서 기다리고 있는데 안 보인다고 했다. 알고 봤더니 택시는 동문로타리 근처에 있는 ○○식당에 간 것이다. 그 택시는 내가 있는 토평사거리 □□식당으로 갈 수가 없다고 했다. 점점 마음이 초조해져 가는데, 마침 시내로 들어가는 정류장에 버스 한 대가 멈추었다. 이 버스를 타고 시내로 가서 택시를 잡아타고 제주시에 넘어갈 생각으로 버스에 타려 했다.

하지만 버스 기사가 탑승을 제지했다. 마스크를 작용하지 않았으니, 버스를 탈 수가 없다고 하였다. 코로나19 막바지였지만 대중교통을 이용하려면 마스크를 착용해야 할 때였다. 마스크가 없어서 택시를 이용하는 것도 포기해야겠구나 생각했다.

　더욱 난감한 상황에 직면하게 됐는데 마침 퀵서비스 오토바이가 지나가길래 집이 있는 공업단지까지 태워주기를 부탁했지만 거절당했다. 공업단지 앞집 사모님께 부탁해볼까 하여 전화했는데 받지 않았다. 난감한 상황이 계속 이어지고 있는 현실에 시험을 포기해야 될 것 같은 생각이 들었다. 그런데 마침 ○○렌트카가 편의점에 들리기 위해 차를 세웠다.

　물건을 구입하고 나오는 그 운전자에게 내가 처한 이 긴박한 상황을 설명하고, 4㎞ 거리의 집에 태워다 주시면 정말 고맙겠다고 부탁을 드렸다. 그 운전자는 잠시 나를 보더니 동승을 허락해 줘 어렵사리 집에 올 수가 있었다. 성의 표시로 돈을 드렸지만, 그 운전자는 한사코 거절했다. 나는 고개 숙여 감사의 인사를 하고, 재빨리 내 차를 운전하여 제주시로 향했다. 시험장인 산업인력공단 제주지사에 도착하니 1시 20분이었다. 잠시 숨 고르기를 하고, 화장실에 다녀온 후 필기시험 장소인 컴퓨터실로 향했다. 차분하게 열심히 60문제를 풀었는데, 마음의 평정을 찾지 못했는지 합격점에는 미치지 못했다.

　이날이 목공예기능사 필기시험 4번째였다. 그런데 시험 볼 때만큼은 마음이 여유로웠다. 불과 몇 시간 전만 하더라도 시험 포기를 생각하지 않았던가. 쓴웃음을 지을 수밖에 없었다.

　이날 처음 보는 사람에게 거부감없이 도움을 베풀어 주신 관광객

분께 정말 고마움을 표하고 싶다. 코로나19 때문이 아니라도 여행 중인 상황에서 부탁을 들어주기가 많이 곤란했을 것인데, 기꺼이 도와주어서 정말 고마웠다. 경황이 없어서 연락처도 묻지 못하고, 차 한 잔 대접하지 못했지만 살면서 오래오래 기억될 아름다운 추억 하나가 가슴 깊은 곳에 따뜻하게 자리 잡았다.

장애인 볼링 제주도 대표로
대한민국 곳곳을 누볐던 기억이
아련하다.

헤어나올 수 없는
볼링의 매력

며칠 전 인터넷으로 새 볼링공을 주문하니 수일 만에 주소지로 왔다. 볼링공 포장지를 뜯어내고 새 볼링공을 보면서 만감이 교차됐다.

내가 볼링을 시작한 지는 1996년쯤 부터 시작된 것 같다. 목공 일에 지친 몸을 운동으로 풀어 줘야 한다(직업은 노동, 스포츠는 운동)는 주변의 권유로 시작했다. 볼링을 하면서 대인관계도 넓어지고 여러 사람과 친분을 쌓을 수 있어서 좋았다.

그렇게 볼링으로 삶의 활력을 즐기고 있었는데, 2007년경 아는 지인이 전국장애인체전에 제주 대표로 출전할 의사가 있는지 물었다. 볼링하면 자다가도 벌떡 일어날 정도로 빠져 있는 데다 나름 한 가닥 한다는 실력이라서 흔쾌히 수락했다. 그렇게 해서 제27회 전국장애인 체육대회 볼링 종목에 제주도 대표 선수로 출전했다.

처음으로 전국의 장애인과 실력 겨루는 것이어서 긴장을 많이 했는지 5위에 머물렀다. 게다가 대회 규정을 사전에 숙지하지 못해 모든 게 미숙했다. 유니폼 등판에 이름 없어서 긴급하게 간판 집에서 천으로 인쇄하여 옷핀으로 묶어 출전했는가 하면, 시합 중에는 초보자나 저지를 법한 파울라인을 밟는 등 미숙한 경기를 했다.

이듬해인 2008년 광주광역시에서 제28회 전국장애인체육대회가 열렸다. 대회가 열리기 전 개막식 행사 사전 연습에 참여했다. 같은 행동을 반복하면서 3시간 정도 연습했던 것 같았다. 그게 그만 탈이 나고 말았다. 컨디션 조절에 실패하면서 심한 몸살을 앓게 됐다. 아픈 몸을 이끌고 볼링 경기에 나섰지만, 볼링공을 들고 있는 것 자체가 힘겨웠다. 함께한 임원들에게 얼굴을 들 수 없어서 지친 몸을 간신히 지탱하며 서둘러 제주도로 내려왔다. 이때 광주공항에서 처음으로 항공사 직원의 도움을 받았다. 그렇게 두 번째 도전도 허무하게 지나갔다.

그 무렵 제주지역에서도 장애인 볼링 동호인들의 저변이 확대되고, 실력도 많이 향상됐다. 그래서 2009년에는 장애인 볼링 제주도 대표 선발전이 열렸다. 다행히 선발전을 통과하여 제29회 전국장애인체육대회에 다시 도전할 수 있게 됐다. 두 번 다시 실패는 없다는 굳은 신넘으로 볼링공의 무게를 1파운드 올리고 공도 2개나 새로 마련해서 연습으로 엄청난 땀을 흘렸다.

그렇게 강훈을 마치고 항공기에 몸을 실었다. 제29회 장애인전국체육대회 볼링 경기가 열리는 목포 국제 볼링장 근처에 이틀 전부터 자리 잡고 마음을 가다듬었다. 드디어 경기가 시작됐다. 2인조 경기였는데, 내가 1게임에 217점, 2게임에 207점, 3게임에 228점, 4게임에 153점을 기록하여 총 805점이 되었다. 함께한 ○○○도 753점을 얻어서 2인조 게임에서 값진 금메달을 목에 걸 수 있었다. 3년 동안 마음고생이 심했는데, 일순간 감정이 북받쳐 올라 주체할 수 없었다.

그동안 장애인 볼링 제주도 대표로 전국대회에 열두 차례쯤 출전했다. 전국체전에서 금 2개, 동 2개를 얻었고, 생활 체육에서 금 1개와 광주시 장애인 어울림 체육대회 MVP의 영예를 얻었다. 또 도내 장애인 생활 체육에서도 많은 메달과 성적을 얻었다.

오늘 새로 주문한 볼링공은 무게를 1파운드 내린 공이다. 전에 사용하던 볼링공과 오늘 배달된 새 볼링공을 보고 있으니, 장애인 볼링 제주도 대표로 대한민국 곳곳을 누볐던 기억이 아련히 떠오른다.

> 아름답고, 가슴 따뜻하게 보낼 수 있었던
> 4개월의 시간...

관심과 사랑으로 만든 장애인볼링협회

2018년 10월 어느 날, 지인에게서 전화가 왔다 "1~2년 안에 서귀포시 장애인 체육회가 출범 할 수 있으니, 서귀포시 장애인 체육회 가맹단체로 서귀포시 장애인볼링협회를 설립하는 것을 어떻게 생각하느냐"는 내용이었다. 이어서 "임원 구성은 최소 이사 15명 내외와 회원 10여 명 정도로 하여 25명 정도면 서귀포시 장애인볼링협회를 설립할 수 있다"고 설명했다. 아울러 1차 회의는 10월 말에 있으니 참석 부탁한다는 이야기였다.

그때부터 시청 추진준비단과 가맹단체가 될 여러 스포츠클럽과 미팅을 하며 여러 가지 추진방법을 구상하다가 이듬해 1월 내가 속해 있는 볼링클럽의 회장직을 사임하고 이 사안을 잠시나마 잊고 지냈다. 5월경에 중간점검 회의에 참석했지만 큰 그림이 없어서 클럽 회장에게 회의내용을 보고하고 다시 일상을 보냈다.

그러던 9월경 서귀포시 체육진흥과에서 전화가 와서 "장애인 가맹단체의 진척이 없어서 위촉장을 수여하여 집중적으로 해보겠다는 연락이었다. 나는 저희 볼링클럽 신임 회장님과 의논하라고 말했는데, 처음 회의 때부터 참석해 왔으니 임명장을 받고 추진해주면 고맙겠다"는 말이 이어졌다. 나는 많은 생각을 하였다.

1. 내가 이 일을 해서 무슨 의미가 있을까?
2. 볼링회원은 있지만 15명 내외의 임원을 구성할 수 있을까?
3. 많은 사람이 내 성격을 아는 데 도와 달라면 도와줄까?

이런 생각으로 며칠 고민을 하다가 결론을 내렸다. 지금 이 기회에 서귀포시 장애인볼링협회를 구성하지 못하면 향후 미래 세대에게 얼굴을 들 수 없을 거라는 결론을 내렸다. 마침내 2019년 9월 20일 서귀포시 장애인회관에서 서귀포시 장애인 체육회 추진위원으로 임명장을 받았다. 임명장을 받고 나니 뭔가를 해야겠다는 생각이 간절했다. 어떻게 15명의 서귀포시 장애인볼링협회 발기인을 구성해야 할지 고심했다.

3일간의 고민 끝에 발기인에 참여하겠다는 서류를 만들고, 또한 서귀포시 장애인 볼링협회가 설립되어야 하는 내용을 A4용지에 적었다.

그리고 휴대전화에서 서귀포시 장애인볼링협회 발기인이 되어줄 분을 20명 정도 선별하였다. 선별한 분에 일일이 전화를 걸었더니 즉답을 피하시는 분이 계시는가 하면, "이런 뜻 있는 일이라면 기꺼이 도와주겠다"며 발기인 서류에 서명을 해주신 분도 많았다. 특히 나의 작업장을 찾아오는 지인께 의논했더니, "자신은 제주시에 주소를 두고 있으니 서귀포에 계신 참신한 분을 소개해주겠다"고 하여, 그분을 찾아가 설명을 드렸더니 흔쾌히 발기인 서류에 서명해주었다.

하지만 발기인을 모으는 일이 쉽지 않았다. 일일이 전화를 하고, 며칠 기다리기도 하였지만, 최종적으로 발기인에 서명해주신 분은 10명 정도였다. 기대했던 것보다 적어서 조바심이 났다. 주변 지인에게 의논했더니 "혼자서 다 하려고 하지 말고, 우선 모집된 사람과 회의를 하여 임원진을 구성하면 임원진이 추가 영입을 할 수 있으니 회의를 먼저 하라"는 조언을 해주었다. 또 발기인 모집에만 신경 쓰다 보니 조직을 아우르게 될 정관(안)이 없다는 것을 뒤늦게 깨닫고, 전국볼링대회를 통해 알게 된 경기도의 지인으로부터 협조를 받아 정관(안)도 마련했다. 그리하여 2019년 11월 12일 1차 발기인 대회를 가졌다.

이날 회의에서 초대 회장 1인과, 부회장 2인, 감사 2인, 경기이사 등 임원진을 구성하였다. 나는 장애인체육회 규정에 따라 사무국장을 맡게 됐다. 장애인체육회 규정에 의하면 전문선수는 협회 임원을 할 수 없고, 사무국장에 한정한다고 돼 있다.

어렵게 임원진 구성을 마치고, 다음날 제주특별자치도 장애인볼링협회에 전화를 통해 이만저만하여 서귀포시 장애인볼링협회 임원진이 구성되었으니 도 협회의 승인을 요청했다. 도道 협회는 이사취임서, 이사 이력서, 개인정보동의서, 정관, 발기인대회 회의록 등 관련 서류가 제출되어야 하며, 임원 구성시 여성과 장애인 비율이 30%가 되어야 한다는 규정도 설명했다. 이런 행정업무를 해본 경험이 없었던 나는 여기저기 수소문해서 필요한 서류 양식을 어렵게 구하고, 발기인 서류에 서명했던 분들께 다시 전화를 돌렸다.

그런데 발기인에 서명해주셨던 분 가운데 2명이 증명사진이 첨부된 이력서를 작성하기 싫다면서 취소하겠다는 의사를 밝혀 난감했다. 하지만 당사자가 싫다는데, 강제로 할 일도 아니고 뜻을 존중하겠다고 한 후 초대 회장님과 의논했다. 그러자 초대 회장님이 3명을 새로 추천해주었고, 내가 다시 지인 3명에게 부탁해 총 6명을 이사로 추가 선임할 수 있었다. 도 협회에 제출할 이사 개인 서류를 받는데 2주가 흘렀다.

이 와중에 서귀포시 체육진흥과는 올해 내로 서귀포시 장애인체육회 발대식을 개최하는 것으로 일정이 바뀌었으니 가맹단체 설립을 부지런히 추진해 달라고 독려했다.

도道 협회가 필요하다는 서류를 모두 올리고 며칠이 지났는데도 가타부타 답신이 없어서 초조해 하던 중 도道 장애인볼링협회장이 연락을 해왔다. 서귀포시 장애인 볼링협회 임원진을 만나러 올 테니 자리를 만들어달라는 내용이었다. 서귀포시 장애인 볼링협회 초대 회장님과 의논해 12월 5일에 미팅 일정을 도 협회로 보고하였다. 그리고 약속된 대로 12월 5일 서귀포시 장애인볼링협회 임원진 13명과 도道 협회 회장님 외 5명이 참석한 가운데 그동안 추진 경과를 설명하고, 서귀포시 장애인 볼링협회 임원진을 소개했다. 도 협회는 그동안의 노고를 치하하며, 제주도 장애인볼링협회 서귀포지회를 승인하는 공문을 전달했다. 양측은 장애인 볼링 동호인의 저변 확대 및 협회 발전방안 등 다양한 이야기를 나누고, 상호 화합을 다짐하며 돈독한 분위기에서 회의를 마쳤다.

서귀포지회 승인 서류를 받고 보니 눈물이 핑 돌았다. 그동안 서귀포지회를 발족하기 위해 동분서주하던 노력이 머릿속을 스쳐 지나갔다. 서귀포시 체육진흥과에 서귀포시 장애인 볼링협회 승인서류를 올렸다. 서귀포시 장애인 체육회에는 가맹단체가 8개인데, 이 중 5번째로 서류를 올려서 마음이 뿌듯하기 그지없었다.

17명의 이사 정원을 채우기 위해 만난 사람이 42명이었다. 내 생각과 뜻을 이해하고, 들고 간 서류에 곧바로 서명과 사진을 부착하며 수고한다고 격려해 주신 분도 있고, 증명사진이 지금 없어서 저녁 시간에 만나면 사진을 찍어서 드릴 수 있으니 저녁에 만나자는 분도 계셨고, 작업장에 왔다가 책상 위에 쌓여 있는 서류를 보고 "목공소에 무슨 서류가 이리 많냐"고 물어서 자초지종을 설명했더니, 자신이 도와주겠다는 선배도 계셨다. 서귀포시 장애인볼링협회 임원 구성을 하며 만났던 42명을 통해 지금까지 살아온 지난날을 되돌아볼 수 있었다.

  2019년 12월 30일 오후 2시 서귀포시 장애인회관에서 서귀포시 장애인체육회 출범식이 있었다. 서귀포시는 8개의 가맹단체가 구성되었고, 제주시장애인체육회는 6개의 가맹단체가 승인되었다고 한다. 출범식에 앞서서 서귀포시 장애인체육회 추진위원으로 나를 소개해주어서 무척 뜻깊은 자리가 되었다.

  마지막으로 부족한 최용호의 부탁을 처음부터 끝까지 싫은 소리 하지 않고, 바쁜 시간 쪼개면서 3차 회의까지 함께해 준 서귀포시 장애인 볼링협회 17명의 임원님께 '진심으로 감사합니다'라는 글을 남기고 싶다. 아울러 서귀포시 체육진흥과에 근무하며 서귀포시 장애인체육회 설립을 담당하셨던 ○○○ 팀장님께 감사 인사를 올리고 싶다. 몇 차례 회의 중에 내 성격을 인지하시고 물심양면으로 조언을 주시면서 서귀포시 장애인볼링협회가 신속하게 승인될 수 있도록 도움을 주셨다. ○○○ 팀장님은 아쉽게도 정년이 되어 그렇게 공을 들였던 서귀포시 장애인체육회 출범식에는 함께 하지는 못했다. 이렇게 서귀포시 장애인 볼링협회는 여러 사람의 정성과 따스한 손길로 설립되어 졌고, 나는 4개월의 시간을 아름답고, 가슴 따뜻하게 보낼 수 있었다.

> 사랑하는 장모님,
> 부디 좋은 곳에서 편히 쉬시기 바랍니다

꿈에도 생각 않았던 공항 노숙

그 누가 알았으랴. 대한민국 최고의 관문인 인천국제공항에서 새우잠을 자게 될 줄을….

지난해 10월 초순경 논산 훈련소 신병 교육 수료식이 있어서 가족과 함께 아들을 만나기 위한 준비를 했다. 그런데 뜻밖에 일이 생겼다. 필리핀에 계시는 장모님이 돌아가셨다는 비보를 접했다. 아들 면회 일정과 겹쳐서 항공권과 여러 일정을 변경하고 며칠 후 제주공항으로 갔다. 그런데 항공기는 광주공항의 안개로 1시간이 지난 후에야 이륙했다. 광주공항에서 택시를 전세 내어 논산훈련소로 갔지만, 광주~논산 간 고속도로가 막히는 바람에 30분 정도 늦게 도착했고, 결국 아들에게 계급장을 달아주지 못했다. 수료식을 마친 아들을 데리고 논산 시내 식당으로 가서 2개월 만에 온 가족이 오붓이 식사를 즐기고 탑정호수 구경도 하고서 아들은 귀대시켜주고, 딸은 광주공항으로, 나와 아내는 필리핀으로 가기 위해 인천공항행 버스에 올랐다.

15시 10분 버스는 출발하여 공주에 도착해 추가 승객을 태우고 다시 출발했는데 차가 속력을 내지 못하고 거북이 운행을 계속하였다. 차가 밀리는 곳을 지나가며 확인해보니 교통사고가 있었다. 그곳을 지나 차의 속력이 붙나 했는데 차는 다시 서행을 반복했다. 이렇게 고속도로는 저속도로가 되어서 처음 출발할 때는 3시간 25분이면 인천공항 도착한다던 버스는 출발한 지 5시간 30분인 20시 30분에야 인천공항에 도착했다. 이미 20시 20분 필리핀행 항공기는 놓쳐버린 것이다.

공항에서 대체 항공편을 2시간가량 검색했지만 뾰족한 답이 없었다. 9일 아침 5시경 필리핀 항공 카운터가 열리기를 기다리는 수밖에 없었다. 새벽 5시에 항공사 카운터가 문을 연다니 공항 외부로 나가는 것도 애매해 공항 의자에서 하룻밤을 청했다. 하지만 사람들이 오가는 소리와 탐지견의 움직임 등 여러 가지 어수선한 분위기에 잠을 청하기는 쉽지 않았다.

드디어 필리핀항공 카운터가 수하물 접수를 위해 운영되기 시작했다. 나는 어제 비행기를 놓친 것을 이야기하고 장모님이 돌아가셔서 꼭 필리핀으로 가야 하니 항공권을 부탁드린다고 사정했다. 항공사 직원은 팀장과 상의한 후 알려드리겠다고 답변했다. 수하물 접수가 어느 정도 마무리돼 갈 무렵 휴대전화 벨이 울렸다. 필리핀항공 접수 카운터로 달려갔더니 필리핀행 좌석 여분이 1석밖에 없다는 것이었다. 나와 아내는 1석이라도 챙겨주어서 고맙다고 했다. 아내만이라도 항공기에 몸을 실을 수 있게 되었으니 말이다.

아내를 배웅한 뒤 인천공항 외부로 빠져나와 버스를 이용하여 김포공항으로 왔다. 항공기 일정이 많이 바뀌어서 제주행 항공기 대기표를 신청하고 의자에 앉아 지친 몸을 쉬었다. 1시간 20분 정도 지나자 대기표가 생겨서 제주도에 내려올 수 있었다.

집에 와서 아내에게 전화하여 장모님의 장례 절차를 묻고 여러 지원을 해주었다. 그리고 당초 예약했던 항공사 홈페이지에 접속하여 항공기에 탑승하지 못한 사유를 적고 환불을 요청했다. 나중에서야 미탑승시 환불 금액이 국내선은 77%, 국제선은 37% 정도밖에 되지 않는 걸 알고 속상했지만, 항공사와 약속을 지키지 못한 내가 감수해야 할 몫이었다.

결혼한 지 21년 차, 여러 번 장모님을 뵈었다. 그래서 장모님의 소천으로 한국 사위가 필리핀의 장례 문화도 배우고, 좀 더 알차게 준비해서 잘 보내드리자는 등의 생각을 많이 했는데 모든 것은 물거품이 됐고, 지출은 지출대로 많았다. 지인들이 조의금을 보내오면서 잘 다녀오라는 문자 메시지를 받을 때는 정말 많이 미안했다. 아내도 장례 절차를 끝내고 필리핀에서 인천공항까지는 항공권이 예약되어서 귀국할 수 있었지만, 김포공항에서 대기표를 신청하여 오후 2시경에야 간신히 항공권을 구하여 제주도로 올 수 있었다. 이 일로 10여 일 동안 정신적으로 피곤하여 생활하는 것이 매우 힘들었다.

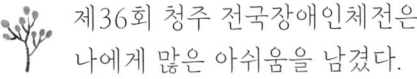 제36회 청주 전국장애인체전은 나에게 많은 아쉬움을 남겼다.

기다림에 지쳐버린
아쉬운 전국체전

2016년 10월 20일, 제36회 전국장애인체전에 참가하기 위해 오전 7시 40분에 두 자녀를 초등학교에 등교시켜주고, 분주히 제주공항으로 향했다. 9시경 수화물을 위탁하고 오전 10시 10분 청주행 항공기를 타기 위해 5번 출구 앞에서 기다렸는데, 청주공항의 기상이 안 좋아 기다려 달라는 안내방송이 나왔다. 불편한 의자에 앉아서 기다리다가, 12시쯤에야 게이트를 바꿔서 항공기에 오를 수가 있었다, 제주공항에서 3시간을 허비한 것이었다. 12시 30분이 되어서야 항공기는 출입문을 닫고 움직였다.

많은 기다림 속에서 이번 체전은 어려울 것 같은 예감이 들었다. 청주공항에 내린 후 곧바로 버스를 타고 천안종합경기장 볼링장으로 이동했다. 연습 볼 차례를 기다리다가 연습 볼링을 마치고 객실로 들어갔다. 가방을 내려놓고서 선수들과 함께 저녁 식사를 마친 후 개별시간을 가졌다. 다음날 룸메이트와 식당으로 가 아침 식사를 하고 객실에서 머물다가 10시 30분경 준비된 전세버스를 타고 볼링장으로 이동했다.

오랜만에 만나는 전국 볼러들과 인사를 한 후 먼저 경기를 하고 있던 제주 대표 휠체어 팀을 응원하였다. 휠체어 팀의 경기가 끝나자 내 차례 되어서 개인전에 임했다. 처음 1경기는 중반까지는 잘했는데, 이후 하드볼이 엄지손에서 빠지지 않아 핀 미스를 계속했다.

1게임을 마치고 2게임에 들어갔지만, 점수는 형편없었다. 레인에 적응하기가 무척이나 어려웠다. 마지막 4게임째는 겨우 158점을 기록하여 26명의 선수 중에 20위를 했다. 1게임 평균 점수가 140점밖에 되지 않았다. 특히 3게임째 볼링이 너무 안 되어서 피곤함이 물밀 듯 몰려왔다.

2014년 인천 장애인체전 2인조 동메달 이후 큰 뜻을 품고 왔는데, 저조한 점수에 실망한 동료들의 눈을 바라보면서 식은 김밥을 먹는 둥 마는 둥 하고는 상지 볼러의 경기를 응원했다. 하지만 상지 볼러 2명도 10위권에서 멀어졌다.

다음 날 하지 2인조가 오후 시간에 시작되었다. 뭔가를 잘해야겠다는 절박한 심정으로 게임에 임했다. 첫 번째 경기는 190점을 기록하였고, 2번째 게임도 172점을 했지만, 마지막 4번째 게임에서 127점밖에 얻지 못하는 바람에 2인조 볼링도 6위에 그쳤다. 4게임 평균 164점이었다.

  장애인으로 살면서 두 자녀에게 노력하는 아빠를 보여주고 싶었는데 쉽지는 않았다. 돌이켜보면 잘해야겠다는 생각이 너무 앞서서 볼을 너무 꽉 쥐고 있어서 놓아야 할 순간 포인트에 놓지 못한 것이 저조한 점수가 된 것 같았다.

  전국체전 가기 전 강화훈련과정에서는 연습이 잘 되었는데, 물 건너가니 볼링 실력이 형편없었다. 2014년 인천 장애인체전 같았으면 개인 실력이 부족하여도 4인조 게임에 참가했지만, 사전에 4인조 게임은 개인전 점수를 반영한다고 했기 때문에 개인전에서 평균 140밖에 얻지 못한 나는 4인조에서도 제외되었다.

  4인조에서 제외되었다는 아쉬움에 저녁 내내 거리를 배회하다가 외부 모텔을 잡아서 잠을 청했다. 다음날 느지막이 볼링장으로 가 제주 대표팀 4인조의 선전을 응원했지만 안타깝게도 9위권에 머물렀다. 대회는 아쉬운 성적으로 끝났지만, 선의의 경쟁을 하였던 선수들과 작별의 정을 나눈 후 전세버스에 올라서 청주공항으로 향했다. 이렇게 제36회 청주 전국장애인체전은 나에게 많은 아쉬움을 남기며 마무리되었다.

언어는 그 나라의 민족성

제주어 배우기

　　　　　　보라색 제비꽃이 아름답게 피는 시기에 지인에게서 스마트폰에 문자가 왔다. 제주어 기본교육과정 접수를 하라는 내용이었다. 읽고 보니 내가 몇 개월 전에 부탁드리고 잊고 있었는데 문자를 받고 바로 제주어 담당자에게 전화하고 수강료를 송금했다. 그리고 5월의 중순에 첫 수업 장소로 갔더니 많은 사람이 있었다.

　사라봉 오거리에서 부두 방면으로 250미터쯤에 있는 건물이었다. 다른 건물과 달리 교육 건물은 2층인데도 계단이 30개나 되어있었다. 첫날의 1교시는 자기소개와 제주어에 관한 관심을 물어서 나는 그에 관한 질문에 답을 하였다. 그런 후에 참고서를 받으니 4개월간

16회의 교육 일정이 가득했다. 그리고 제주어가 세계유산본부인 유네스코에서 소멸 위기 언어로 지정되어 소멸하지 않게 열심히 잘 보존해야 한다는 이야기도 들었다.

교육 중에 제주의 음식문화, 제주어에 담긴 제주다움, 제주 지역별 언어 차이, 제주 농어촌문화, 제주의 식물, 제주민요에 나타나는 제주 여성의 애환, 제주어 쓰기, 제주어 가사 음악, 등등 많은 것을 배웠지만, 제주 신화를 듣고 송당리 본향당을 찾아가 자청비 신화를 머릿속에 그려보기도 하였다. 그렇지만 내게 제일 어려운 것은 제주어를 아래아 한글로 표기해야 하는 것이 참 어려웠다. 또한 두 차례의 현장 수업으로 15기 교육생과 가까워지는 계기도 있었다. 처음 3주간은 내가 관심이 있는 것을 배운다는 생각으로 배웠는데, 점차 교육 시간이 증가하면서 소멸 위기에 있는 제주어를 잘 보전해야겠다는 사명감도 생겼다. 16회의 수업 과정 중에 6월 말 장마 초기에 천둥 번개와 엄청난 양의 장대비가 수 시간 내려서 도저히 한라산을 넘어 수업 참석하기가 두려워서 1회를 결석했다. 이후에는 하나하나 배우는 것이 새록새록 머릿속에 들어와서 즐거운 마음으로 다니다 보니 수료식 날이 돌아왔다. 수료하는 수일 전부터 심화 교육이 있으니 접수하라는 이야기를 들었지만 심화 교육은 다음에 배우겠다고 말했다. 4개월간 매주 서귀포에서 한라산을 넘나드는 일정에 몸이 매우 피곤하였기에. 16 주간의 제주어 보존 프로그램은 정말 알

차고 제주어에 관심이 있는 사람이면 배울만했다. 교육 이후 가까운 지인들과 제주어로 대화 좀 해보자고 말했는데, 듣는 것은 알아도 언어를 구사하는 것은 어렵다고들 하였다.

언어는 그 나라의 민족성에 중요한 요소이다. 1993년 이전에는 행정이 중앙집권화로 운영되어 표준어 사용이 강요되었지만, 지금은 지방자치 시대가 들어오는지도 32년이 넘어가고 있어서 제주특별자치도만의 특별한 제주어가 잘 보존되기를 기도하여본다.

제주어를 배우고 싶다는 일념으로 지체장애인이 매주 30개의 계단을 운동 삼아 오르고 내리기를 많이도 하였다.

> 나의 슬픈 인생에서
> 나는 희망의 꿈을 꾸었다.

역경을 딛고 일어선 어린 시절

그렇게 1975년 그 여름이 지나가는 듯하였다.

아버지의 직장에서 아이들 3명이 있어서 눈치가 보이기 시작했다. 달 세를 살아 보았지만, 경제 사정이 여의치 못했다. 아버지는 궁리 끝에 냇가 옆에 조금 평탄한 땅에 무허가 판잣집을 짓고 이곳에서 네 명이 살게 되었다. 가끔 읍사무소에서 무허가집 철거를 위해 나왔다가, 여러 사정 이야기를 듣고 돌아가곤 하였다.

시간이 지나 69년생 동생과 72년생 동생은 초등학교에 입학했지만, 나는 그러지 못하였다. 아버지의 말씀은 집안일과 동생들 뒷바라지를 하려면 어쩔 수 없다고 하였다. 한 해 두 해 해를 거듭할수록 나는 학교에 가지 못하는 서러움에 매우 슬펐다.

그리고 여름에는 냇가에 가서 미꾸라지와 물고기도 잡고 물놀이하며 더위를 잊고 지낼 수 있는 아름다운 놀이터지만 겨울에는 그러지 못했다. 겨울에도 옷을 빨아야 해서 냇가에서 얼음물을 깨고 빨래했다. 4인 가족의 옷가지를 냇가로 들고 갈 때는 무게가 가벼웠지만, 옷을 냇가에서 세탁하고 그 많은 계단을 올라오다가 쉬고, 세탁물이 많을 때는 2번에 걸쳐서 가지고 올라와서 빨랫줄에 널어놓으면 겨울의 하루는 저물어갔다. 고사리손으로 찬물에 빨래를 자주 한 탓에 손이 많이 갈라지고 거칠어져서 연고(안티푸라민)를 늘상 바르면서 지냈다.

무허가 집에는 전기와 수도시설이 없어서 밤에는 촛불로 생활하고 밥과 요리는 나무 땔감으로 불을 피워 지었다. 이 시기는 쌀을 구하기도 어려워 쌀을 실은 차가 쌀가게에 쌀을 내려놓으면 그때 줄을 서서 한 말 정도의 혼합곡을 구입할 수 있었다.

어느 날 냇가에서 물놀이하다가 쌀을 사는 것을 잊어버렸다. 아버지가 이 사실을 알고 매질을 많이 하셨다. "왜 시키는 일을 잘하지 못하느냐"며 종아리에 피멍이 들 정도로 맞았다. 놀다가 쌀 사는 것을 잊어버려서 그날 저녁은 가게에서 건빵을 사다가 끓는 물에 건빵을 넣고 부풀려서 먹었다. 또 집에 수도시설이 없어서 근처 공동수도로 가서 손수레에 물통을 싣고 물을 담아 오다가 손수레의 물통 무게에 쏠리어 다친 일도 비일비재했다.

어느 날 동생들이 학교에 간 사이 나는 집을 나왔다. 정말 집이 싫어서 나왔지만, 딱히 갈 곳도 없었다. 서귀포 시내 구석진 곳에서 1박 후에 깡패에게 많이 맞아 산부인과에 가서 머리 깨진 곳을 꿰매고, 제주시로 가서 1박, 그리고 다시 집으로 돌아왔지만, 마음 한구석의 허전함을 채울 수가 없었다. 이런 슬픈 인생에게 유일한 지식과 즐거움을 준 것은 라디오였다. 라디오만이 나에게 희망의 꿈을 가지게 하여주었다.

이런 일상이 반복되며 5년이라는 시간이 지날 즈음 큰 변화가 일어났다. 5년 전 나와 동생들을 버리고 집을 나갔던 어머니가 돌아오신 것이다. 리 사무소 직원이 같이 오시어 "이분을 아세요?"하고 물었는데 나는 모른다고 말했다. 그렇지만 남동생은 어머니를 알아보고 엄마 품에 안겼다. 어머니의 귀가 이후 집의 형편은 나아졌지만, 어머니와 나는 말다툼이 많아졌다.

아버지는 나의 행동에 불편해하여 집 근처 목공소에 취직시켰다. 처음 목공소 일은 톱밥을 자루에 담는 일이거나, 선배들의 담배 심부름을 하다 보면 하루해가 저물었다. 이때 내 나이는 15살이었다. 한 달 일하고 받은 보수는 3만 원이었다. 이 당시 부산의 신발공장에서는 낮에 근무하고 밤에 공부하는 직장에서는 한 달 급여가 6~7만 원이었다.

1980년을 전후하여 나에게 벌어진 일이었다. 그즈음 대한민국은 대통령이 서거하고 12·12사태, 5.18 광주 민주화 운동 등 정치적으로 엄청난 혼란기였다.

3
CHAPTER

끊임없이 솟는
배움의 샘터

아들과 함께한 고성통일전망대
배움의 샘터는 물마름이 없다
서귀포 전경을 한눈에, 솔오름
봉사활동의 즐거움과 보람
올레 10코스, 형제 해안도로
우리 가족의 소소한 행복 일상
선수보다 시야가 넓은 운영위원
군 복무 중이던 아들 면회 가다가 생긴 일
국민 메신저라더니…
사양 직업이라지만 보람 느낄 때면

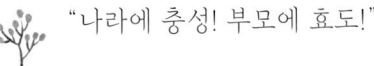 "나라에 충성! 부모에 효도!"

아들과 함께한 고성통일전망대

강원 고성통일전망대를 다녀왔다. 춘천은 몇 번 다녀온 기억이 있는데, 속초는 처음이었다. 속초에서 1박 후 고성군에서 군 복무 중인 아들을 만나서 함께 하는 첫 일정으로 고성통일전망대로 향했다.

사전에 안보 교육을 받고 입장료를 내고 들어갔는데 고성통일전망대에 들어가기 전, 군 검문소에서 재차 서류 확인을 하고 있었다. 내 차례가 되어 서류를 제출하니 서류 1개가 누락 되었으니, 처음 입장료 낸 곳으로 가서 서류를 받아오라는 것이었다. 다시 안보 교육을 받은 곳에 와서 누락 된 서류를 챙겨서 군 검문소에 제출 후 고성통일전망대에 도착했다.

TV에서만 보던 많은 시설물이 눈앞에 펼쳐져 있어서 사진찍기가 바빴다. 4층 높이의 건물에 올라서 DMZ를 바라볼 수 있었고, 동해안의 수평선도 아름답게 볼 수가 있었다. 제주도의 상징물인 돌하르방도 볼 수 있어서 친근감이 더했다. 통일전망대에서 1시간 이상 머물다가 DNZ 박물관도 관람하였다.

이후 DMZ 박물관에서 휴식을 취하고 있는데, 전화벨이 울려 받아 보니 군 검문소에서 걸려온 전화였다. "들어간 지 3시간이 되어가는데, 왜 아직 귀로를 하지 않고 있냐"는 물음이었다. "이제 나가려던 참이다"라고 답변하고는 민통선을 나왔다. (대한민국 국민을 걱정하여 걸려온 전화였다)

열심히 렌터카를 달려서 속초 시내로 와서 아들과 속초 시내 이곳저곳을 구경하며 돌아다니다 보니 어느새 저녁이 되었다. 렌터카를 반납하고 맛집으로 알려진 식당을 찾아 맛있게 저녁을 먹고 오랜만에 아들과 1박을 함께 했다,

다음 날 아침과 점심을 함께 하고서 12시 30분경 아들과 헤어졌다. 아들은 군부대로 복귀하고, 나는 제주도로 향했다. 속초터미널에서 탄 고속버스는 고속도로가 워낙 밀리는 바람에 도착 예정시간보다 한참 늦은 오후 4시 10분에야 동서울터미널에 도착했다. 그리고 강변역 지하철을 타서 1시간여 만에 간신히 김포공항역에 내릴 수 있었다.

항공사 카운터에 수화물을 위탁하니 지친 몸이 조금 가벼워졌다. 출발 수속을 마치고, 게이트 앞에서 기다리다가 제주행 항공기에 몸을 실었다.

군 복무 중인 아들과 보낸 시간은 1박 2일이었는데, 거주지가 제주도이다 보니 2박 3일의 여행이 되었다. 아들이 자대 배치를 받은 지 얼마 되지 않은 탓에 머지않아 다시 한번 속초를 찾을 수 있을 것으로 생각했다. "나라에 충성! 부모에 효도!"

옛 교정에서
좋은 추억을 다시 한번 되새기며
밝아오는 새해는 더욱 아름다워지기를
기도하여 본다.

배움의 샘터는
물마름이 없다

　　　　　　　　유년 시절 살아온 삶이 일반인과 같이 평범하지 못하여 가난과 못 배움이 한이 되었다. 그래서 나이 서른을 넘겨서도 배움에 목말라서 독학하여 초등 검정고시에 응시했다.

　뜻밖에 1차 시험에 전 과목 합격이라는 기쁨을 맛보게 되자, 자신을 갖고 중졸 시험을 준비했다. 나름대로 열심히 시험준비를 하였지만, 합격과는 거리가 있었다.

　고민 끝에, 창피함을 뒤로하고 서귀포 오석야간학교에 입학하여 중학교 기초과정부터 배우기 시작했다. 처음 한 달 동안은 수업시간에 졸다가 귀가하다시피 했는데, 점차 시간이 지날수록 배움의 샘물도 하나씩 올라오기 시작했다.

1년에 두 차례 실시하는 검정고시 때마다 한 과목, 두 과목씩 합격하다 보니 모두 7차례 응시한 끝에 최종 합격했다. 이후 고졸 검정고시는 5차례 응시한 끝에 최종 합격할 수 있었다. 이렇게 해서 5년이란 시간을 오석야간학교에서 보냈다.

지난해 12월 어느 날, 설문대여성문화센터에서 제주자원봉사자 전국수상 시상 대회에 축하할 사람이 있어서 들르게 되었는데, 뜻밖에 자원봉사단체 대상에 오석야간학교가 수상한 것을 보고 무척 기뻐서 학교 관계자들께 축하 인사를 드렸다.

그리고 연말에 오석야간학교에서 제47회 상록제를 개최한다는 문자를 받고서 정말 오랜만에 배움의 샘터를 찾았다. 여전히 수십 년째 자원 교사를 하고 계시는 선생님이 몇 분 계셔서 반겨주었다. 상록제가 예전과 같이 단란하지는 않았지만, 나름대로 품위 있고, 그들만의 축제를 하고 있어서 무척 마음 따뜻하고, 간단한 이벤트 체험에 참가하고 돌아왔다.

오석야간학교를 나오면서 학창 시절 5년을 손가락으로 세어보니 벌써 21년이라는 시간이 흘러갔다. 당시에는 상록제를 앞두고 학교 건물을 깨끗하게 단장하기 위해 학생이 모여들어 직접 페인트칠을 하곤 했는데, 이제는 교육청의 지원을 받고 있어서 그럴 일이 없다고 했다. 옛 교정에서 좋은 추억을 다시 한번 되새기며 밝아오는 새해는 더욱 아름다워지기를 기도하여 본다.

솔오름 정상에서 바라본
서귀포 시내 풍경이 너무도 아름다웠다.
땀 흘린 고된 시간이 보상을 받는 것 같았다.

서귀포 전경을 한눈에, 솔오름

주소 : 제주특별자치도 서귀포시 동홍동 2150-1
높이 : 솔오름(567m)

 서귀포에서 북쪽을 바라보면 긴 생머리를 풀고서 누워있는 설문대할망의 형상인 한라산이 보인다. 그 한라산(1950m) 앞쪽으로 솔오름(일명 미악산, 567m)이 있다. 필자는 몇 년 전 솔오름에 오르기 위해 탐방로 입구에서부터 오름 산행을 시작했다.
 멀리서 보기와는 달리 탐방로 깊숙이 들어서자 많은 계단이 놓여 있었다. 처음 10분 정도는 목책 계단을 밟으면서 솔오름을 올랐는데, 점점 경사가 가팔라졌다. 나중에는 손을 바닥에 집으면서 50분

정도의 시간을 투자했더니 솔오름 정상에 오를 수가 있었다.

　많은 땀을 흘리면서 솔오름에 올라서 주변 풍경을 보니 50분 동안 땀 흘린 고된 시간이 보상을 받는 것 같았다. 솔오름 정상에서 바라본 서귀포 시내 풍경이 너무도 아름다웠다. 서귀포 앞에 자리한 섶섬과 새섬, 문섬, 범섬, 그리고 월드컵 경기장과 강정 해군기지와 서쪽으로는 산방산과 사계리 해안도로까지 너무나 아름다운 모습이었다.

　솔오름 바로 앞에는 공사 중인 헬스케어타운 부지도 보였다. 솔오름 정상에서는 동·서·남쪽 방향을 보고 조금 이동하여 북쪽을 바라보니 거대한 한라산이 손에 잡힐 듯 선명하게 한눈에 들어왔다. 한라산의 병풍바위와 탐방로인듯한 등반길도 조금씩 눈에 들어왔다. 필자가 솔오름을 탐방한 이후 많은 즐거움을 감동으로 간직하고 있던 찰나, 장애인 여행작가 활동을 하게 돼 이곳을 소개하고자 한다.

　솔오름 오르기는 앞서 말했던 것처럼 걸어서 가파른 길을 오를 수도 있지만, 자동차를 이용해 솔오름 정상에 쉽게 다가갈 수도 있다. 솔오름 주차장에서 동쪽으로 1㎞ 정도 이동하면 예비군 훈련장의 표지판과 함께 사거리가 있다. 이곳에서 바로 북쪽으로 좌회전하여 콘크리트 농로를 따라서 2㎞ 정도 올라가다 보면 차를 7대 정도 세울 수 있는 곳에 도착하게 된다.

　이곳에서 내려 일단 어머니 모습을 한 한라산을 배경으로 인증사진을 찍은 후에 말馬이 밖으로 나가지 못하게 울타리를 만든 곳을 지나서 바로 오른쪽으로 향하면 걷기가 편하게 깔아놓은 야자수 매트를 밟으면서 걷다 보면 완만한 경사의 탐방로가 250여m 이어지고, 솔오름 정상과 가까워질 때쯤 급경사의 탐방로가 50m 정도 된다. 이곳은 휠체어를 타는 사람도 무난히 이용할 수 있을 것이라는 필자의 판단이다. 서귀포 시내의 남쪽 풍경을 보았으면, 다시 갔던 길을 돌아 나와서 왼쪽으로 가면 한라산과 서귀포시 효돈 쪽을 조망할 수 있는 전망대가 조성되어 있다. 이 전망대로 가는 길에는 제법 많은 계단이 있어서 휠체어 장애인은 접근하기가 어렵겠다는 생각이 든다.

  필자는 가끔 생각한다. 타지의 지인들이 제주에 내려왔을 때 제주도의 무엇을 보여주어야 할까? 그럴 때 필자는 지인들을 차에 태워서 이곳으로 와 300m 정도만 걸으면 서귀포의 웬만한 곳을 다 보여줄 수 있어서 지인들을 모시고 이곳을 자주 찾는다.

  솔오름으로 향할 때면 농로라서 좁고 급커브인 구간이 2곳이나 있으므로 이곳만 조심하면 아름다운 풍경을 감상할 수 있으므로 제주 여행자는 참고하면 좋을 듯하다.

🌿 장애인도 타인을 도울 수 있다

봉사활동의
즐거움과 보람

　　　　　며칠 전 자원봉사를 다녀왔다. 그날 행사 주관은 ○○○ 봉사단체인데 벌써 25년째 활동하고 있다.

　2000년 출범 당시에는 제주도 기능인의 기술을 자원봉사로 승화시킨다는 취지에서 출범했다. 필자도 기능인(가구제작)으로서 전국대회 출전 경험이 있어서 출범 시 창립 회원이 되었다, 그리고 1년에 두 차례 자원봉사를 다녔다.

　사실 필자가 자원봉사를 시작한 것은 1994년 경인 것 같다. 타인의 도움만 받는 장애인에 대한 인식을 개선하여 보자는 취지에서 봉사 활동을 하게 됐다. 차를 이용하여 행사 때마다 회원들을 모시고 행사장에 다녀오는 차량 봉사를 하였다. 그리고 서귀포 시내 빵집을 돌면서 빵을 수거하여 지정된 수여 가구나 시설에 가져다주는 봉사를 하였다. 이후 개인사업자가 되어 좀 더 내실 있는 봉사를 하고 싶어서 서귀포 종합사회복지관에 가입하여 1달에 1~2번꼴로 도배 봉사, 그리고 가벼운 수도꼭지 교체 등을 하면서 자원봉사의 보람을 땀으로 승화시켰다.

그러던 어느 날 자원봉사차 찾아간 곳이 소년가장 집이었고 해야 할 일은 재래식 아궁이가 있는 부엌 천장이 낡아서 뜯어내고 새 합판으로 천장을 마감하는 작업이었다. 내가 사다리를 타고서 천장에 낡은 합판을 제거하면 회원들은 그것을 밖으로 옮겼다. 그런데 작업한 지 1시간쯤 지나면서 회원들의 표정이 심각해지기 시작했다. 나 역시 그것을 느끼고 있었지만 참고 있었는데, 한 회원이 "몸이 왜 이리 가렵지!"라는 것이었다.

이유인즉 천장에 쥐가 다녀서 낡은 합판에 쥐벼룩이 있었는데, 합판을 뜯는 과정에 쥐벼룩이 우리 몸에 달라붙어 그렇게 된 것이었다. 심하게 물린 회원은 '병원에 가봐야 되겠다'며 돌아갔고, 남은 회원들은 계속 작업해 새 합판으로 잘 마무리하고 철수를 준비하고 있었다. 그때 이웃 아저씨가 와서 "지금 무엇을 하고 있느냐?"고 묻길래 자원봉사로 집 수리를 하고 있다고 설명했다. 그러자 그분이 "이 집은 최근에 팔려서 건물을 헐어야 하는데 왜 수리를 하는 건지 모르겠다"며 되돌아갔다. 우리 회원들은 의아해하며 사회복지사에게 전화해 확인해보니 사회복지사도 그 사실을 몰랐다고 했다. 우리 회원들은 쥐벼룩 물려가며 수리한 부엌 천장이 철거 대상 건물이었다는 것에 적잖이 실망하며 그 집을 나섰던 적도 있다.

이후에도 여러 곳에서 도배지 교체 등 자원봉사를 많이 하였지만 2002년 월드컵 이후 자원봉사 시스템이 많이 바뀌어서 사회복지관 회원 활동을 접었다. 그래도 그동안 나름 가진 기술을 이웃에게 나누어 줄 수 있어서 무척 기뻤다. 이렇게 오랜 기간 나름대로 많은 자원봉사를 했지만, 봉사시간 적립 시스템을 몰라서 시간 적립이 누락돼 봉사 30년이 넘어가지만, 아직 900시간이 되지 않아서 아쉽다.

처음 자원봉사 시작은 장애인도 타인을 도울 수 있다는 것에 매력이 있어서 시작했다. 봉사활동을 시작할 때는 힘이 들지만, 자원봉사를 끝내고 그 땀의 결실이 대상자의 환한 미소로 이어질 때 나도 웃을 수 있어서, 앞으로도 몸이 움직일 수 있을 때까지 자원봉사를 계속해 나갈 생각이다.

🌿 제주도 해안가 곳곳에서 솟아나는
용천수의 고마움을 새삼 깨닫게 된다.

올레 10코스,
형제 해안도로

　　　　　형제 해안도로는 산방산에서 사계 포구로 내려와서 마라도 여객선 입구 삼거리까지 이어지는 4km 길이의 도로다. 필자는 서귀포시 화순 방향에서~송악산 쪽으로 이동했다.
　장마철에 구름 낀 산방산을 바라보면서 사계 포구로 향했다. 사계 포구에는 여러 종류의 어선들이 정박해 있었다. 어선 정박지 옆으로는 제주올레길 10코스를 알리는 표지판이 있다. 올레 10코스는 휠체어가 다닐 수 있는 코스로 많이 알려져 있다. 필자도 올레길을 걸으면서 바닷가에 있는 황토색 지층의 바위와 바닷물로 깎여진 바위 모양을 카메라에 담았다.
　형제 해안도로는 송악산 해안과 연결된 지질트레킹 A코스로도 잘 알려져 있다. 형제 해안도로를 따라 걷다가 동쪽을 보니 구름에 반쯤 덮여있는 산방산이 보였다. 그 근처로는 화순 해수욕장과 화순화력발전소의 모습도 보였다.

형제 해안도로는 큰 경사가 없어서 주변 바다 풍경과 푸른 하늘을 보면서 천천히 걸을 수 있고, 해안도로 길이라서 도로가 구불구불하기 때문에 위치하는 곳에 따라서 다양한 모습의 사진을 아름답게 찍을 수가 있었다. 특히 남쪽 바다를 보면 섬이 2개 있는데, 이름을 형제섬이라고 부른다. 수水면 위에서는 2개의 섬으로 보이지만, 수면 밑에서는 붙어 있어서 형제섬으로 불렀다는 설명이다.

해안 쪽에서는 파도를 배경으로 윈드서핑을 배우고 즐기는 곳이 있다. 사계 포구에서부터 어느 정도 걸었다고 느껴질 때 마침 공룡화석 발자국이 있는 곳을 지나고 있었다. 공중화장실에서 잠시 생리적인 문제를 해결하고, 다시 걷다 보니 송악산 마라도 여객선 매표소가 있는 곳에 도착했다. 주변을 둘러보니 과거 지역주민들이 마셨던 용천수가 있다.

'산이물'이라고 부르는데, 과거 상수도가 보급되기 전까지 이 지역 주민들은 이 물을 식수로 사용했을 것이다. 제주도 해안가 곳곳에서 솟아나는 용천수의 고마움을 새삼 깨닫게 된다. 또 이곳에서 대한민국 최남단 마라도에 갈 수 있는 유람선 승선표를 구매해 마라도를 다녀올 수도 있다.

> 머나먼 필리핀에서 한국까지 와서
> 삶을 공유해준 아내에게
> 「감사합니다」라는 말을 드린다.

우리 가족의
소소한 행복 일상

필자는 병오년에 태어났다. 내가 태어난 후에도 우리 가족 수는 계속 늘어나 부모님을 포함하면 총 9명이다. 즉 나는 3남 4녀 중에 3번째로 태어났다.

필자의 어린 시절은 형과 누나의 도움으로 학교과정도 쉽게 이해할 수 있었다. 또 나도 동생들에게 여러 가지의 도움을 주면서 가족의 정을 함께 공유하였다. 시간이 많이 지나간 후 나는 2003년 여름에 결혼했다. 나이 38세에 국제결혼을 했다. 오래전부터 결혼하기 위해 지인이 주선한 맞선을 몇 번 보았지만, 지체장애 4급인 장애인이라 그런지 '삶을 함께 하겠다'는 여인을 만나지 못했다.

나이는 들어가고 주변에서 국제결혼을 권하길래 총각 생활을 마감하고 싶다는 생각에 국제결혼을 신청했다. 2003년 5월 맞선을 보기 위해 필리핀으로 향했다. 다음날 몇몇 여성과 대면이 있었지만, 하나같이 나이가 어렸다. 결혼이란 평생을 함께해야 하는데 나이 차가 너무 많으면 함께하는 삶이 어려울 것이라는 나름대로 소신이 있었다.

오후 늦게 찾아오신 분이 있었는데 얼굴도 수수하고 나이도 나와 2년 차이밖에 나지 않았다. 통역에게 여러 가지 설명을 청했고 통역의 이야기를 알아들었는지 여인은 다음날 답장을 주겠다면서 그날 헤어졌다.

다음날 여인에게서 연락이 와서 나의 청혼을 받아주겠다고 하였다. 급히 필리핀에서 약식으로 약혼식을 하고 나는 한국으로 돌아왔다. 각종 서류를 시청에 제출해 승인을 받고 승인받은 서류를 필리핀으로 보낸 다음 40여 일이 지나자 그 여인이 인천공항으로 들어온다는 연락을 받았다. 급하게 서울로 올라가서 공항에서 만난 후 함께 제주로 내려와 7월에 결혼식을 올렸다.

머나먼 필리핀에서 날아와 지체장애 4급인 장애인을 남편으로 맞아준 〈에○트레○나 알 ○브○도〉에게 많은 고마움을 표했다. 결혼 후에는 언어 문제로 먼저 결혼한 결혼이주민에게 통역을 부탁하며, 지내기도 했다. 2004년 5월 말에는 산모가 8시간 동안 진통을 겪은 후에 비로서 우리들의 첫 아이를 만날 수 있었다.

분만실 앞에서 아기 울음소리를 듣고서 나는 하염없이 기쁨의 눈물을 흘렸다. 3.9kg의 건강한 남자아이였다. 일주일의 산부인과 생활을 끝내고 집으로 와서 아들을 유심히 보니 정말 귀여웠다. 만지면 터질 것 같아서 눈으로 보기만 해도 행복했다. 한 달 정도 지나니 머리숱도 많고 제법 멋있어 보여 안아 보기도 하면서 즐거운 마음으로 지냈다.

내 아들이라서 그런지 몰라도 똥 기저귀를 갈아줄 때도 냄새를 맡지 못했다. 아들은 무럭무럭 자라주었다. 생후 10개월쯤 되던 어느 날 낮은 책상을 짚고서 일어서더니 몇 발짝 걷다가 그만 넘어져 울기 시작했다. 하지만 나는 늘 누워서 천장만 바라보던 아들이 무언가를 짚고서 조금이라도 걸었다는 것이 무척이나 기뻤다.

그러고 나서 다시 이틀 정도 지나자 아들은 무엇인가 짚고서 일어나기를 반복하더니 마침내 두 발로 걷기 시작했다. 필자는 주변에서 만나는 사람마다 붙잡고 내 아들이 생후 10개월 만에 걸어 다닌다고 자랑했다.

아들이 태어난 지 2년 만에 이번에는 예쁜 공주를 맞이했다. 아들 때보다는 산모의 진통이 덜했지만, 아내가 여전히 힘들어하는 모습을 보면서 수고했다는 말밖에 달리 할 말이 없었다.

딸은 자라면서 아빠에게 많은 즐거움을 주었다. 육아 과정에서도 확연히 남자아이와 여자아이는 차이점이 많다고 느낄 수 있었다.

불과 수년 전만 해도 퇴근하고 집에 오면 혼자 저녁 먹고 잠을 자고 아침이면 서둘러 출근하곤 했다. 그러던 것이 3년여 만에 4인 가구가 되어 아내와 2명의 자녀를 생각하니 책임감도 한층 커졌다.

아들은 어린이집에 다니면서 한자 능력 시험 8급부터 6급까지 취득하고 초등학교 때는 한자 능력 시험 5급과 컴퓨터 활용능력 자격증도 취득하면서 남다른 실력을 과시했다. 특히 과학상자 5호와 6호를 초등학교 때 가지고 놀았다. 지금은 중학생이 되어 중등과정의 생활을 잘해나가고 있다.

딸은 초등학교 3년부터 달리기를 잘하더니, 지금은 5학년이 되어서 줄넘기를 잘하며 곧잘 학교 대표로 나가 자신과 학교의 명예를 높이곤 했다. 또 학년이 올라갈수록 어엿한 소녀로 성장하는 모습을 보여줘 아빠에게 즐거움을 안겨주고 있다.

나는 태어나면서 소아마비 장애인이 되었다. 어릴 때는 어려운 가정환경 등으로 인해 세상에 대해 불만이 많았다. 장애인을 보는 세상의 눈이 그리 아름답지 못해서 반항심이 더욱 많았다. 지금은 장애인을 보는 시선이 많이 개선되었다고는 하지만, 어쨌든 나는 결혼하기도 어려웠고 남들처럼 좋은 직업을 갖지 못하여 두 자녀를 키우는 데도 많은 어려움이 있었다.

엄마와 아들은 36년 차가 되어서 띠동갑이고 딸과 아빠는 40년 차가 된다. 느지막이 결혼하여 오누이를 둔 가장이 되었고, 두 자녀

아름답고, 늠름하게 자라서 대한민국을 받치는 큰 기둥이 되었으면 하는 바람이다.

　마지막으로 다시 한번 머나먼 필리핀에서 한국까지 와서 삶을 공유해준 아내에게 「감사합니다」라는 말을 드린다.

"그것이 나의 역할이었다"
심판으로 활동하면서
나름 말로 설명할 수 없는
감동과 긴장감을 느꼈다.

선수보다 시야가 넓은 운영위원

2023년 제43회 전국장애인체육대회에 심판으로 다녀왔다. 해마다 가을이 되면 제주도 장애인 볼링 선수로 전국체전에 출전하여 경기에 목숨 걸다시피 했다. 이번 제43회 전국장애인체전에는 선수가 아닌 심판 위원으로 경기를 보고 있으니 시야가 넓어지는 느낌이었다.

1게임을 끝낸 선수에게 점수를 적은 기록지를 보여주며 선수의 서명을 받았다. 볼링을 잘 친 선수는 의기양양하며 서명하고, 볼링을 못 친 선수는 안타까운 소리를 하였다. 이 희비가 엇갈리는 경기에 지난날 필자도 오직 3위 안에 들기 위해 처절히 경기했던 기억이 주마등처럼 스쳐 지나가서 알 수 없는 웃음이 나왔다. 이렇게 경기가 원활하게 진행되면 2시간 후에는 4게임의 경기가 끝나서 순위가 가려지고 바로 시상에 들어간다.

볼링은 상대성 있는 경기다. 내가 잘해도 상대방이 더 잘해버리면 메달권에서 멀어지지만, 반대로 내가 못 했는데, 상대방이 더 못하는 바람에 메달권에 드는 경우가 있다. 필자가 심판으로 활동하였던 TPB 1, 2, 3경기와 TPB 7, 8, 9, 10경기였는데, TPB 1, 2, 3경기는 시각장애인이어서 나름 말로 설명할 수 없는 감동과 긴장감의 연속이었다.

TPB 2, 3경기는 어느 정도 핀의 배치를 보면서 투구하는데, TPB 1경기는 눈을 가린 후에 안대를 하여 감각적으로 플레이하는 것이라서 상당한 노력이 필요한 경기였다.

1게임, 2게임, 3게임, 4게임이 끝나고 최종순위가 가려지면 이분들도 도우미의 도움을 받고서 시상대에 오른다. 메달권에 들어서 환하게 웃다가 마음이 울컥했는지 눈물을 흘리는 분도 있었다. 곁에서 보고 있으면 이분들이 왜 울컥하는지를 필자도 많이 겪어봤기에 그 마음, 그 심정이 충분히 이해되었다. 장애인의 몸짓 하나하나가 열정 없이는 이룰 수 없는 커다란 승리라는 것을 다른 사람들은 잘 모를 것이다. 제43회 전국장애인체육대회 볼링 경기는 전남 광양 메카 볼링장과 ○○볼링장에서 열렸는데, 나는 메카 볼링장에서 7일간 심판으로 활동했다. 전남 광양은 초행길이라 여러 가지 실수를 하였다.

제주공항에서 여수공항 항공권을 예약해야 하는데, 제주~광주 항공권을 예약했고, 광주 버스터미널에서 '동광양'으로 표를 끊어야 했는데, 그냥 '광양'으로 표를 끊어서 버스 기사에게 한 소리 들었다.

그리고 연습 경기중 동일한 유니폼을 입지 않은 선수를 발견해 경기를 중단시키고 규정에 따라 경고를 줬다. 다른 심판은 "휠체어에 앉아있어서 발견하기 쉽지 않았는데 어떻게 그걸 보게 되었냐"고 묻길래 나는 "그것이 나의 역할이었다"고 답변했다. 어쨌든 맡은 소임을 잘 끝내고 동료 심판들과 헤어지면서 받아온 시상 후 남은 은메달이 지금도 2023년도 전국 장애인체전 운영위원(심판)의 추억이 되고 있다.

> 이제는 내몸이 고물이 다 되어감을
> 받아드려야 할 때

군 복무 중이던
아들 면회 가다가
생긴 일

　　　　　　10월 중순에 자대 배치된 아들에게서 전화가 왔다. 11월 초순에 부대 개방행사를 하고 있으니 면회 올 수 있냐는 거였다.
　하지만 항공권을 검색하였더니 부대개방 행사 때는 항공권을 구하기가 어려워서 못 가고 11월 중순 무렵에 면회를 가 보겠다고 연락했다.
　시간이 흘러 면회 약속했던 날이 되자 제주공항을 떠나 김포공항에 도착했다. 지하철을 이용하여 강변역에서 내려 동서울 터미널에 가 간성행行이나 속초행行 버스표를 문의했는데, 2시 이후 출발하는 버스는 모두 만석이라서 좌석 여분이 없다고 하였다.

매우 난감한 상황이라서 이것저것 문의해 보니 춘천에서 속초 가는 버스는 좌석 여유가 많이 있다는 것이었다. 그 이야기를 듣고 버스비를 드리면서 예약을 부탁해서 춘천~속초행 버스 편을 예약해 놓았다. 그리고 동서울 터미널을 나와 택시를 이용하여 청량리역으로 가서 춘천행 경전철을 물어물어 탈 수가 있었다.

청량리역은 무척 규모가 커서 어느 쪽으로 이동해야 할지 분간하기도 어려웠다. 경전철은 1시간 10분 만에 남춘천역에 도착했다. 주변 승객들이 여기서 내려 춘천 버스 터미널 가면 된다고 했다. 남춘천역과 버스터미널은 1km 이내에 있어서 쉬면서 걸어가니 터미널에 도착할 수 있었다.

점심때가 지난 시점이라 배가 고파서 식당으로 가서 점심을 먹었다. 그런데 식사 후 30분쯤 지나자, 배가 아프기 시작했다. 화장실로 가서 설사 대변을 보았지만, 복통이 계속되어서 주변 사람에게 근처에 병원이 있냐고 문의했더니, 마침 마트 4층에 내과의원이 있다는 이야기를 들을 수 있었다. 황급히 그 내과의원에 달려가 진료를 받았더니 '신경성 위장장애'라고 했다. 주사를 맞고, 약 처방전을 받아 1층 약국에서 약을 먹고 한쪽 의자에 앉아서 안정을 취했다. 20분쯤 앉아있었더니, 거짓말같이 복통이 사라졌다. 그리고 차 출발시간이 되어서 버스에 올라 속초로 향할 수 있었다.

아침부터 뭔가 계획했던 것이 틀어져서 다른 대안을 찾아본다고 신경을 너무 쓰다 보니 '신경성 위장장애'라는 생각지도 않았던 진단을 받은 것 같다는 생각이 들었다…. 이제는 고물이 다 되어가는 느낌이 들었다.

국민에게 불편을 주고서도
'나 몰라라' 하는 것이 맞는 일인가 하는
생각이 든다.

국민 메신저라더니…

제주도에서 거주하거나 업무 등의 이유로 오가는 사람은 항구보다는 공항을 이용한다. 2022년 10월 중순 무렵 수도권에 중요한 일이 있어서 김포공항에 내렸다. 그리고 김포공항역으로 이동하여 숭실대학교가 있는 관악 캠퍼스로 향했다.

그간 제주산업정보대 2년 과정으로 산업 전문예술학사였는데, 그 전해에 숭실사이버대학 시스템공학과 3학년으로 편입하여 학점을 받고 이날 졸업사진을 찍고 동문을 만나기 위한 방문이었다. 지하철 9호선에서 동작역에 내려 다시 4호선으로 갈아타고. 이수역에 내려 7호선으로 가 2곳의 역을 지나 숭실대 역에 내렸다.

초행길이라 숭실대 교정에서 학생들에게 묻고 물어 시스템공학과로 가니 여러 동문이 졸업사진을 찍고 있었다. 내 차례가 되어서 개인 사진을 촬영한 후 교정으로 나가 역동성 있는 말이 그려진 벽화에서 단체 사진을 촬영했다.

그 후 대학 앞에 호프집에서 교수님과 동문과 미팅 시간을 갖다가 나는 제주로 돌아가는 항공편 시간 때문에, 아쉬운 마음을 접고 먼저 호프집을 나섰다. 이번에는 좀 편안하고 신속하게 이동하기 위해 카카오 택시를 호출하려 했다. 하지만, 앱이 열리지 않았다.

안절부절하고 있는데 때마침 택시 한 대가 내 앞에 멈추더니 손님이 내렸다. 나는 택시 기사에게 탈 수 있느냐고 물었더니, 흔쾌히 대답해 주는 택시 기사에게 고마운 마음을 느끼며 그 택시로 동작역까지 갔다.

그곳에서 9호선을 이용하여 김포공항역에 내렸다. 3층 출국장에서 보안 검색을 마치고 탑승 예정인 ○○항공사가 당초 문자 메시지에서 안내해 준 대로 5~6번 탑승구 근처에 가 있었다.

그런데 항공기 이륙 10분 전인데도 탑승하라는 안내방송이 나오지 않았다. 이상하여 그곳 직원에게 물었더니, 직원은 황당하다는 듯 바라보며 이 항공기는 15번 탑승구인데, 왜 여기 있느냐고 되레 반문했다. 나는 분명 아침에 김포공항에서 내린 후 확인한 돌아가는 항공기 안내 문자 메시지에는 이쪽이었는데, 어느새 바뀌었나 생각하며 부랴부랴 15번 탑승구를 향해서 걷기 시작했다. 15번 탑승구에 거의 다가가니 항공사 직원이 다급하게 내 이름을 부르고 있었다. 급히 탑승한 후 항공기가 이륙하기 전에 사이버 대학 동문 단체 톡방에 오늘 만남이 즐거웠고 잘 대해줘서 감사했다는 글을 남겼다.

무사히 제주공항에 도착하고, 집에 돌아온 후, 다음 날 초행길인 난산리 쪽 주소를 검색하기 위해 카카오 지도를 여니 여전히 앱이 열리지 않았다.

딸에게 하소연하며 왜 그러는지 물었더니 카카오톡 판교센터에 문제가 생겨 전국적으로 카카오가 먹통이라는 것이었다. 그제야 어제 택시 호출이 안 되었고, 공항에서도 탑승구 변경 안내를 제대로 받지 못한 이유를 이해할 수 있었다. 그래서 혹시나 하는 마음에 항공기에 탑승한 후 곧바로 사이버 대학 동문에게 보냈던 톡 메시지를 확인해 보니 역시 전송되지 않은 상태였다.

뉴스를 검색해 보니 온통 카카오 대란 사태를 다루고 있었다. 며칠 후 카카오에서 문자가 와서 피해구제를 하고 있으니, 이메일로 접수하라고 하여 항공권을 첨부하고 장애인등록증도 첨부하여 그날 불편했던 사항을 적고 이메일 전송을 한 후 답신을 기다렸다.

며칠 후 돌아온 답신은 무료로 사용하는 앱이기에 피해보상을 할 수 없다는 내용이었다. 그리고 아이콘 몇 개를 무료 사용할 수 있는 쿠폰을 주겠다는 내용도 있었다. 김포공항에서 불편한 몸을 끌고 그렇게 바삐 걸었던 것을 생각하면, 대기업이 국민에게 이런 불편을 주고서도 '나 몰라라' 하는 것이 맞는 일인가 하는 생각이 들었다.

오늘도 아무도 오지 않을 것을 알지만,
작업장의 문을 열고 음악을 들으면서
글의 삼매경에 빠져 본다.

사양 직업이라지만
보람 느낄 때면

　　　　　　나의 직업은 나무를 가지고 가구, 문, 문틀 등 목재로 다양한 물건을 만드는 직업이다. 처음 목공 일을 배울 때는 목공소에 일이 무척 많아서 야간작업이 일상이었던 적도 있었다. 하지만 목재라는 것이 하루 만에 크게 자라는 것이 아니어서 목재값은 점차 비싸지고 그에 따라 인건비도 오르고 거기에다 전기료도 오르니 목공 직업이 사양 길로 접어들었다.

　대한민국 누구에게는 꼭 필요한 직업이지만, 모든 직업은 어느 정도 수익이 있어야 그 직업을 유지할 수 있다. 나는 몇 년째 목공작업을 많이 하지 않으면서도 사업장 문을 열어놓고 손님을 기다리고 있다. 최근에는 부서진 문을 가져와서 고쳐달라는 분이 있었다. 조금

힘든 작업이었지만, 나름 신경 써서 잘 고쳐주었는데, 그 고객이 수리된 문을 보고 무척 기쁜 표정을 지었다. 그 고객은 "다른 사람은 모두 고치기 어려우니 새것으로 바꾸라고 하였는데 사장님만 수리된다고 하여 막상 가져오긴 했지만, 잘 될지 고민을 많이 했다"라며 고마워했다.

최근에는 어느 집에 문을 수리하러 갔는데 70년대의 문이었다. 50년이나 된 집의 문이었지만 나름 잘 관리가 되어있어서 하부호차를 교체해 주면 사용하는 데는 별다른 지장이 없을 것이라고 말하며 호차를 교체했다. 그분은 며칠 뒤 작업장으로 먹을 것을 들고 와서 문을 고쳐주어서 정말 고맙다고 인사를 하며 돌아갔다. 나는 비용을 받고 일을 해주었을 뿐인데 그분들의 감정은 다른 감정이었을 것이다. 남들이 보기에는 낡고 하찮은 것일지라도 오래된 것일수록 거기에는 뭔가 의미를 담고 있는 경우가 많기 때문이다.

이렇게 목재를 좋아하시는 분은 목재를 원하지만 지금 주거의 대세는 아파트이고. 아파트는 여러 세대이기에 내부에 목재 사용을 주저한다. 목재는 같은 목재여도 나뭇결이 달라서 한가지 톤이 나오지 않을 때 사용이 어렵다. 또 목재를 사용했다가 낭패를 볼 수도 있고, 가격이 비싸서 사용을 주저하기도 한다.

이런저런 연유로 목공 일은 점차 줄어든 것을 알면서도 사업을 접지 못하고 있다. 그 이유는 내가 목공 일로 돈을 벌기 시작했고, 그

땀방울을 모아 지금의 작업장을 구하고 그 덕분에 꿈에 그리던 결혼도 하고 자녀도 얻을 수 있었기 때문이다. 그런데 이제 막상 간판을 내리려니 많은 고민이 생길 수밖에 없다. 하지만 이제는 나이도 있고 세상도 변했고 언제까지 사업장을 운영하게 될지는 속단하기 어렵다. 제일 중요한 것은 내가 굽은 나무라서 어디 가서 마땅히 일자리를 구하지 못한다. 오늘도 아무도 오지 않을 것을 알지만, 작업장의 문을 열고 음악을 들으면서 글의 삼매경에 빠져 본다.

4
CHAPTER

기록은
추억으로 남는다

중산간도로에서 맞이한 겨울 무지개
119 응급구조대의 노고에 감사를
아름다운 도로, 녹산로 풍경
모든 기록은 추억이 된다
당신에게 가장 소중한 보물
세한도의 향기 품은 추사관
따스한 봄바람과 함께 온 귀한 인연
필리핀 방문, 길고도 짧았던 10박 11일
찰나의 실수는 오랜 고통으로 이어지고
아들을 군대에 보내는 부모 마음

두 오름을 뒤에 놓고 다리를 놓은 듯…
아름다운 무지개를 바라보며
추억여행을 간직한다.

중산간도로에서 맞이한 겨울 무지개

며칠 전 계획했던 '쉼을 위한 여행'을 실행에 옮겼다. 서귀포시에 지내면서 제주도의 동쪽인 구좌읍을 여행하는 것이었다. 두 명과 차를 타고 출발했다.

도로 지나가는 곳곳마다 당근밭과 무밭의 푸른 잎이 생기를 띠고 있다. 구좌읍에 도착해 이곳저곳을 구경하다 점심 식사할 곳을 찾았다. 그리고 궁금한 사항을 물었더니, 구좌읍 시내 앞쪽 갯벌 지역을 오래전에 매립하고 분양해줘 그곳에 정착하게 되었다는 이야기였다.

제주도에 수십 년 동안 지내면서 내 집을 중심으로 반경 20㎞ 정도는 손바닥 손금보듯 잘 안다고 자부하지만, 그 외 지역은 생경했다. 그렇지만 구좌읍을 알기 위해 하루를 시간 내어 움직이기는 정말 쉽지 않은 결정이었다. 하지만 정말 잘 결정했다는 생각이었다. 해안도로가 멋있고, 해상에 풍력발전기도 남다른 모습으로 서 있었다. 구좌읍 내 여러 곳을 감탄과 즐거움 속에서 둘러보았다. 그런데 흐려 보이던 하늘에서 오후 1시를 넘어서면서 비를 뿌리기 시작했다. 일행과 고민하다가 구좌읍 일정을 마무리하고 귀가를 결정했다.

차의 와이퍼를 작동하며 중산간 지역으로 방향을 틀었다. 10분 정도 달리고 있는데, 옆 사람이 "이제 비가 그치네" "비 그치면 무지개를 볼 수 있을 텐데…"라고 말했다.

차에서 이런저런 이야기를 주고받다가 백미러로 뒤를 보니 뭔가 다른 것이 보여서 차를 갓길에 세우고 동쪽 오름을 보고 있으려니, 무지개가 나타나기 시작했다. 무지개는 불과 7분 만에 형태가 다시 사라졌지만, 함께 한 일행들은 서로에게 "정말 대단하다." "어떻게 12월에 무지개를 볼 수 있지." "정말 순식간에 사라지네."라며 감탄과 놀라움을 표시했다.

두 오름을 뒤에 놓고 다리를 놓은 듯 아름다운 무지개를 바라보며, 이날의 추억여행을 오래오래 기억하자고 다짐하면서 집으로 돌아왔다. 참으로 아름답고 뜻깊은 구좌읍 여행이었다. 특히 '질그랭이 머무는 세화'라는 문구가 인상적이었다.

불편한 상황에서 여러모로 도움을 주신 119구급대원에게 감사하다는 글을 남겨 본다.

119 응급구조대의 노고에 감사를

며칠 전 50여 년 전의 기억을 되새기며 글을 쓰다가 글이 막혀서 이틀 동안 빈둥빈둥 시간을 보냈다.

그래서 지난번에 만들다가 중단한 물건을 다시 만들기 시작했다. 조립하고, 마지막 과정인 절단을 하였다. 10여 개의 물건을 절단하고, 자른 재료를 치워야 하는데, 하나만 남아서 그냥 마지막 절단을 하였다. 그런데 순간 자른 나무가 '팡' 소리를 내면서 튀어 올라서 내 오른쪽 이마에 타격을 주었다. 그 순간 정신이 '멍' 하는 느낌을 받았다. 잠시 후 정신을 차리고 이마에서 뭔가 흐른다는 느낌에 손을 갖다 놓으니 피가 흐르고 있었다. 급히 피가 흐르는 것을 누르고 스마트폰으로 상처의 사진을 찍어보았다. 병원에 가야 할 심각한 상황이었다.

　그런데 내 차의 운행 방식이 스틱이라서 한 손으로 이마를 누르고, 한 손으로 기어 변경이 불가능했다. 궁리 끝에 119에 전화를 걸어서 급한 상황 설명을 하고 119구급대가 오기를 기다렸다. 119를 기다리는 동안 여러 가지 생각이 교차했다, 10여 년 전 시너 봉의 유증기를 제거하지 않고 절단하는 과정에서 폭발사고로 얼굴에 화상 입고 119에 실려서 병원에 갔던 기억이 새롭게 떠올랐다.

　잠시 후 119구급대가 도착했다. "어떻게 사고가 났냐"는 질문에 그 자리에서 사고 설명을 간단히 해주고. 119구급차에 올라 병원으로 향했다. 119대원들의 친절한 도움으로 병원 응급실에 무사히 도착했고, 119대원들은 "치료를 잘 받고 귀가하시라"라는 말을 남기고 돌아갔다.

　의사는 상처 부위를 보고서 "치료 후에도 조금의 흉터가 남을 것 같다"는 말을 하였다. 수술실로 이동하여 5바늘을 꿰매는 수술을 받았다. 처음 다쳤을 때는 사고충격에 너무 아프고, 오른쪽 눈이 자꾸 감기었는데, 사고 1시간이 지나니 감기던 눈이 평상시 상태로 회복되었다. 병원을 나와 한참 기다린 끝에 간신히 택시를 잡아타고 집에 와서 작업장을 정리한 후 몸을 씻으려 했다. 그런데 오른쪽 눈썹 부위를 다쳐서 머리 감는 것도 여의치 않고 몸을 씻는 것도 여의치 않았다. 어쩔 수 없이 그냥 대충 씻고 방으로 들어와서 불과 2시간 전의 사고를 곰곰이 복기해보았다. 그리고 앞으로 2주 정도는 이마의 상처에 물이 들어가지 않게 조심해야 할 것을 생각하니, 미리부터 몸과 마음의 불편함이 걱정됐다.

　마지막으로 많이 불편한 상황에서 여러모로 도움을 주신 119구급대원에게 감사하다는 글을 남겨 본다.

'대한민국에서 아름다운 길'
아름다운 여행을 맞이한다.

아름다운 도로,
녹산로 풍경

　　　　　　　　　　제주특별자치도 서귀포시 표선면 가시리 3795-2 일대 녹산로를 차를 타고 이동하다 보면, 제주의 도로와 달리 주변 풍경이 특별하다는 것에 잠시 차를 세우고 주변을 응시하게 된다.
　가장 먼저 눈에 들어오는 것이 가시리 풍력발전기다. 하얀색의 가시리 풍력발전기는 높이 55m 정도로 바람개비 같은 3개의 날개가 바람에 움직이고 있었다. 주변에 13기가 설치돼 있다. 발전용량은 15㎿이고 연간 2만여 가구에 전력을 공급할 수 있는 용량이라고 한다. 제주에너지공사와 SK디엔디에서 공동으로 운영한다는 풍력발전 단지다.

풍력발전기 옆으로는 갑마장 길이 있어서 말을 타고 주변 들녘을 산책할 수 있고, 태양이 지는 저녁 시간에는 노을을 조망할 수 있다. 또 주변에 따라비 오름과 큰사슴이오름(대록산)이 있어서 오름을 배경으로 사진을 찍으면 예쁜 사진이 나온다.

이곳에는 조랑말 박물관도 있고, 조랑말에 얽힌 옛이야기와 역사를 알 수 있다. 녹산로 변에는 대한항공이 운영하는 정석항공관이 있어서 시간이 맞는다면 항공관의 프로그램을 이용할 수 있다. 그리고 녹산로 변에는 봄이면 벚꽃과 유채꽃이 조화를 이루며 화려하게 피어나 '대한민국에서 아름다운 길'로 선정되기도 했다. 제주 유채꽃 축제를 이곳에서 진행하기도 한다.

필자는 6월 초순에 이곳을 답사했다. 노란 유채꽃은 없었지만, 도로주변의 땅을 굴착기가 정리하는 것을 보니 내년의 봄을 위해 준비하는 것처럼 보였다. 제주의 아름다운 명소를 이제야 알게 되었다는 것에 피식 웃음이 나왔다. 녹산로 길은 5㎞ 정도이고 저속으로 주행하다 보면 더욱 아름다운 여행이 된다.

머릿속의 기억에 오류가 생기기 전에
책을 펴낼 수 있는 기회가 생겨
정말 기쁘기 그지없다.

모든 기록은
추억이 된다

나는 오래전부터 기록하는 습관이 있다. 사람의 기억이 특별한 일 아니면 일 년을 넘기지 못하는 편이고, 그냥 별일 없이 지나간 날은 한 달만 지나도 기억하지 못한다. 내가 이렇게 매사에 기록을 소홀히 하지 않게 된 것은 라디오의 영향이기도 하다.

며칠 전 창고로 가서 보관함에 과거 노트를 보니 1985년도부터 현재까지 많은 기록이 보관되어있었다. 기록지에는 내가 잊고 있었던 기억들이 새롭게 떠오르는데 정말 기분이 특별했다.

기록을 보니 그때의 물건 구입 가격과 그 당시 있었던 국가의 큰 이슈들이 함께 적혀 있다. 지금은 기억도 희미한 북한을 탈출하여 따뜻한 남쪽 나라를 찾았던 김00씨의 김포공항 도착(1987. 2. 9.) 기록도 있었고, 나의 부친이 돌아가신 기록도 있었다.

2000년대 기록을 보니 토지 구입 기록과 신축건물 계약금 지급 기록 등 당시 건축도면 서류도 있었다. 신축건물 후에 어떻게 사업을 하겠다는 청사진도 적혀 있다. 25년이 지난 지금과 비교하니 다소 그때 마음 다짐과 달라진 점이 있지만, 오래된 기록을 읽으면서 쓴웃음을 지었다.

여름에 결혼한 기록, 첫째 자녀가 태어난 시간과 이제 아빠가 되어서 어떻게 자녀를 키워야겠다는 다짐 등 여러 이야기가 적혀 있다. 기록지를 2006년으로 넘기니, 둘째 딸의 태어난 시간과 딸에게 어떤 아빠가 되겠다는 내용도 있었다. 자녀의 유치원 입학과 초등학교 입학, 여러 내용 들이 빼곡히 적혀 있지만, 여기에 모든 것을 나열할 수는 없는 일이다.

다른 사람들은 뭐하러 시시콜콜한 것을 기록으로 남겨놓느냐고 하지만 나의 취미이고, 이것이 생활화되어서 수필가가 되었고, 이제는 그 기록들을 모아 책으로 엮을 수 있게 됐다. 이제 나도 20대가 아닌 60대로 접어들려 하니 머릿속의 기억에 오류가 생기기 전에 책을 펴낼 수 있는 기회가 생겨 정말 기쁘기 그지없다.

앞으로의 바램은 두 자녀가 자신의 앞에 놓인 길을 잘 찾아가기를 소망하고 아내도 아름다운 노년을 보낼 수 있기를 기도해 본다. 나

역시 목공 일과 수필가의 활동을 병행하며 내 건강을 지키면서 남에게 싫은 소리 듣지 않게 지내보려 한다.

> 과연 나의 보물이 무엇일까?
> 고민 끝에 내린 결론은
> 바로 '나 자신'이었다.

당신에게 가장
소중한 보물

며칠 전 고사리를 채취하기 위해 벗과 함께 한라산 중턱으로 갔다. 이틀 동안 비가 내린 탓인지 푸르름으로 한 가득 채워 있는 듯한 날씨였다. 함께 간 일행이 청명한 날씨를 보고 "제주도는 역시 우리나라의 보물이야." "계절별로 자연에서 많은 것을 얻을 수 있으니…"라며 감탄사를 연발했다.

나는 "가까운 곳에서 고사리를 채취하자"고 말하고, 벗은 "숲 속 깊이 들어가야 큰 고사리를 얻을 수 있다"고 주장해 11시경에 만나기로 약속하고 헤어졌다. 주변 덩굴 쪽으로 들어가 군데군데 있는 고사리를 채취하여 이런저런 생각에 잠겼다. 눈과 손은 고사리에 집중하고 있는데, 머릿속은 다른 생각으로 가득했다.

벗이 아까 잠깐 언급한 보물에 대해 생각해보았다. 며칠 전 지인에게서 너의 보물이 무엇일까 생각하여 보라는 이야기를 들은지라 더욱 생각이 났다. 과연 나의 보물이 무엇일까?

나의 보물은 10대 때 대우전자의 더블 카세트였다. 음악 듣기를 좋아해서 휴일이면 자전거에 카세트를 묶어서 자전거를 타고 이곳저곳을 돌아다니면서 음악을 들었다. 자전거를 오래 타서 엉덩이가 아프면 쉬었다가 귀가하곤 하였다.

20대에는 앰프와 대형 스피커가 있는 전축이 나의 보물이었다. 턴테이블에 LP판을 올려놓고 나만의 공간에서 음악 삼매경에 빠지는 삶이 즐거웠다.

30대 초에는 자동차가 나의 보물이 되었다. 재산 1호라며 휴일이면 차를 세차하고 왁스 칠을 하며 애지중지 관리했다. 30대 중반에는 조그만 부동산을 처음 사들여 이것이 가장 큰 보물이 되었다. 부동산을 구입하고 조립식 건물을 신축하여 삶의 희망을 찾아가기 위한 첫 단추였다.

더욱 노력하여 30대 후반에는 결혼하면서 아내가 소중한 보물이었는데 이후 보물이 아들과 딸까지 포함되면서 살아 있는 보물이 늘어났다. 아이들은 감기에 콧물만 흘러도 내과로 데려가 보살폈다. 이 아이들이 튼튼히 자라서 내년에는 모두 20대가 되니. 어쩌면 나에겐 세상에 가장 아름다운 보물이다.

고사리를 채취하며 이런저런 생각이 교차하고 있는데, 돌 틈 사이에 뭔가 움직임이 느껴졌다. 자세히 보니 비바리뱀이 천천히 움직이고 있었다. 황급히 뒤로 물러서며 시간을 보니 11시가 넘어가고 있었다. 11시가 넘어가니 '뱀이 일광욕을 하러 나왔구나!'라고 생각하며 일행에게 전화해 합류한 뒤, 차를 몰아 산에서 내려왔다. 일행은 "빨리 가서 고사리 손질을 해야 한다"며 자신의 차를 타고 집으로 돌아갔다. 나도 집으로 돌아와 고사리를 다듬으며, 다시 나만의 보물이 무엇일까를 생각했다.

이틀간의 고민 끝에 내린 결론은 바로 '나 자신'이었다. 일반적으로 보물하면 유형有形의 값비싼 자산이나 소중한 사람을 많이 떠올릴 것이다. 필자 역시 앞서 언급한 것처럼 그러한 소중한 보물이 많이 있다. 그런데 필자가 나만의 보물로 꼽은 '나 자신'이라 함은 유형의 육신이 아니라 내 생각과 지식, 그리고 무한한 잠재력이라는 무형無形의 자산이다. 이것은 누구도 감히 건드릴 수 없는, 나에게 가장 소중한 보물이다. 다른 사람이 들으면 어이없는 선택일 수도 있지만, 아무튼 내가 내린 결론은 이렇다.

날이 차가워진 후에야 소나무와 잣나무가
뒤늦게 시드는 것을 알게 된다.

세한도의 향기 품은 추사관

주소: 서귀포시 대정읍 안성리 1666
관람료: 무료
엘리베이터: 건물 뒷쪽에 있음
연락처: 064-710-6802

　　　　　차를 운행하여 지나다가 황토색 표지판을 보았다. 제주 추사관이란 표지판이었다. 주차장에 차를 세우고 제주 추사관으로 향했다. 제주 추사관은 지상 1층과 지하 2층으로 연결된 현대식 건물이다. 추사관 정문 쪽으로는 많은 계단으로 연결돼 있는데, 장애인용 엘리베이터는 건물 뒤편에 있다. 지하 내부에는 추사 김정희의 탄생과 70세까지 삶의 흔적이 많이 기록돼 있다. 특별히 눈에 띄는 것을 요약했다.

이름 : 김정희(金正喜), 조선 말기의 실학자·서화가
출생과 사망 : 1786~1856년
본관 : 경주 / 종교 : 유교
고향 : 충남 예산군 신암면 추사 고택로 261

추사 김정희는 23세에 사마시에 합격하여 호조 참판에 오른 아버지를 따라서 북경을 가게 되었다. 북경에서 당시 유명한 청나라 학자를 만나 금석학에 대한 것을 배웠다. 이후 조선으로 돌아와 34세에 과거시험에 장원급제하여 아버지 김노경과 함께 북경에서 배운 지식과 경험을 바탕으로 조선을 바꿔보려고 했지만, 부친 김노경이 역적으로 몰리면서 1830년에 관직에서 쫓겨나게 된다.

이후 제주에서 9년간 유배 생활을 하였다. 유배 중에도 후학 양성에 힘쓰고, 북경과 교류도 했다. 특히 정치에 대한 울분을 학문과 예술로 적었고, 유배 중에 그린 '세한도' 작품이 매우 유명하다. '세한도'의 내용은 "날이 차가워진 후에야 소나무와 잣나무가 뒤늦게 시드는 것을 알게 된다."는 공자의 글을 적었다고 한다.

- '역사와 함께 떠나는 여행'에서 인용.

추사관 지하를 관람하고 추사의 흉상이 모셔져 있는 35개의 계단을 밟고 올라가니 참으로 소박하면서 엄숙한 추사의 흉상이 보였다. 특히 10여 m의 거리의 '원형의 창'이 인상 깊었다. 추사관을 나오니 추사가 제주 유배 당시 머물렀던 초가(적거지)를 재현해 놓은 옛집을 보면서 당시의 시대상을 머릿속에 떠올렸다.

추사 적거지를 벗어나 눈에 띄는 표지판을 보니 조선 시대 대정성지의 성벽을 설명하는 내용이다. 주차장과 전시관을 구분하기 위해 쌓아놓은 돌담이라고 생각했는데, '대정성지 울타리'라는 설명에 황급히 카메라를 꺼내 성벽을 신중하게 담았다.

추사의 제주 유배를 기리는 추사관과 적거지를 둘러보며, 과거 조선 시대에서나, 현대 한국에서나 정치는 역시 어렵다는 것을 실감했다.

> 이 모든 것이 멀지도, 가깝지도 않은 곳에서
> 조용히 응원해주던 그 시인이
> 나에게 보내준 커다란 선물이었다.

따스한 봄바람과
함께 온 귀한 인연

　　　　　　　삶을 살다 보면 크고 작은 굴곡이 있기 마련이고, 어쩌다 모든 책임을 져야 하는 상황이 되면 더욱 힘들어진다. 필자의 삶이 그리 평탄하지 않은 편이지만, 나름 슬기롭게 견디고 있는 것 같다.

　몇 년 전, 봄을 준비하기 위한 거친 날씨가 지나가고. 따스한 봄바람을 안고 찾아온 귀인이 계셨다. 나의 작업장에는 건축에 관련된 사람이나, 목재에 관련된 방문객이 주로 찾아오는데, 귀인은 글을 쓰는 문인이라서 어떻게 이야기의 운을 떼어야 할지 다소 망설여졌다. 찾아온 방문객에게 차茶를 건네고, 살아가는 이야기와 글에 대한 이야기 그리고 제주문화예술재단 등에 대해 이야기를 나누었다. 귀인은 자신이 알고 있는 선에서 최대한 설명해주었다. 나는 열심히 머릿속에 메모하였고, 귀인은 다음에 만나자며 인사를 하고 돌아갔다.

그리고 며칠 후 제주문화예술재단에 가서 그동안 궁금했던 사항을 문의했더니 "당해년도 공모전은 끝났으며, 다음 해 1월부터 2월까지 공모 기간이 있을 예정이므로 홈페이지에서 수시로 확인하면 된다"고 안내했다. 궁금했던 사항이 그리 매끄럽게 이해되지는 않았지만, 다시 일상으로 돌아가 열심히 생활했다.

계절이 두 번 바뀌는 시점에 그 귀인께서 전화를 걸어 왔다. "문학에 관련된 모임을 만들려는데 함께 할 수 있냐"는 질문이었다. 전화를 끊고 여러 가지 생각을 떠올렸다. 나는 보고 느낀 것을 글로 옮기는 수필가이고, 그분은 사물을 보고 함축된 언어와 시적 운율을 사용하는 시인이어서, 서로 맞지 않는 것이 아니냐고 생각하며 며칠 망설이고 있었다.

그런데 며칠 후 휴대전화에 문학동아리 개최 알림 문자가 와서 얼떨결에 '문학 이야기'에 참여하게 되었다. 문학동아리 첫 모임은 경황이 없어서 어떻게 마무리되었는지 기억도 없다. 이후 3차례 정도 더 참여하다가 주차 문제 등 여러 가지 문제점이 있어서 조용히 활동을 중지하여 그곳에서 듣고 배웠던 것들을 틈틈이 복습하고 있다.

해가 바뀌어 제주문화예술재단 공모전이 있다는 이야기를 듣고 공모전 서류를 복사하여 틈틈이 쓰고, 고치기를 반복하였고, 공모전 설명회에 참석해 듣고, 궁금한 사항을 문의했다. 공모전에서 심사대상인 수필 3편도 열심히 작성했다. 모든 준비를 마치고, 3월 초순 공모전 서류 제출에 앞서 짧은 기도를 한 후 최종 제출했다.

공모전을 준비하는 60여 일 동안 보이지 않는 무게에 눌려 어깨가 무거웠는데, 최종 제출하면서 마음 한구석이 그리 편할 수가 없었다. 하지만 응모 후 며칠 동안 마음이 콩닥콩닥 뛰었다. 과연 공모전에 합격할 수 있을까 하는 생각에….

봄을 준비하는 비가 다시 내렸다. 3월 말경 모임 약속이 있어서 안전하게 운전 중이었는데, 오후 6시쯤 휴대전화에 문자가 떴다. 제주문화예술재단 공모전 심사가 완료되어서 홈페이지에서 확인하라는 내용이었다. 바로 합격 여부를 확인하고 싶은 마음이 굴뚝 같았지만, 혹시나 하는 생각에 내색하지 않고 모임 일정을 소화했다. 모임을 마친 후 집으로 돌아가 밤 10시경 문화예술재단 홈페이지에 들어갔다. 마음 졸이면서 내 이름을 찾았더니, 다행히 13번째로 있었다. 혹시나 실수하지 않았을까 하는 생각에 책의 (예시) 제목을 확인하니 틀림없다. 순간 가슴이 벅차오르는 감정에 두 눈에서 눈물이 하염없이 흐르는 것을 주체할 수 없었다. 이 모든 것이 멀지도, 가깝지도 않은 곳에서 조용히 응원해주던 그 시인이 나에게 보내준 커다란 선물이었다.

무더운 여름
피서 한번 잘 다녀온 것 같다.

필리핀 방문,
길고도 짧았던
10박 11일

  2016년 여름, 근 4년 만에 아내의 고국을 방문하기 위하여 자녀 2명과 함께 여행 준비를 하였다. 국제선 항공권을 예약하고, 국내선 항공권도 예약했다. 4인 가족이 여행을 준비하니 비용이 많이 지출됐지만, 장모님과 아내의 형제자매 친척들의 얼굴을 머릿속에 그리면서 준비를 하니 마음은 즐겁기 그지없었다.

1일 차: 8월 4일 아침

 집에 문을 걸어 잠그고, 강아지를 풀어놓고서 바깥 대문도 잠근 후 온 가족이 차에 올라 제주공항으로 향했다.

비행기를 타고 김포공항에 내려 다시 공항버스를 이용하고 인천국제공항으로 갔다. 공항에 일찍 도착한 결과 필리핀항공 수하물 카운터는 아직 문을 열지 않았다. 주변에 물어보니 항공기 출발 3시간 전부터 수하물을 접수한다고 하였다. 어쩔 수 없이 인천공항 내 이곳저곳을 돌아다니면서 시간을 보냈다. 오후 5시경 필리핀항공 카운터가 열리자 수하물을 위탁하고 출국 심사를 받으러 갔다. 출국 심사를 마치고 이곳저곳 면세점을 기웃거리다가 선물도 산 후 오후 8시 20분쯤 필리핀 항공기에 오르니 아내의 표정이 많이 상기돼 있다.

드디어 항공기 출입문이 닫히고 항공기는 활주로로 이동한 후 커다란 소음을 내면서 이륙했다. 비행기가 정상궤도에 들어서자 식사 준비를 하였다. 오랜만에 접해보는 기내식이라서 무척 맛있었다. 비행기가 이륙한 후 3시간 40분 만에 필리핀 아키노 국제공항에 착륙했다.

입국 심사를 마치고 수하물을 찾아 공항 밖으로 나오니 무덥고 습한 기운이 피부에 와 닿았다. 마중 나온 아내의 친척들과 간단히 인사한 후 한국의 카○발 차량에 올라 1시간 30분 정도 달려가니 아내의 친척 집에 도착했다. 그곳에서 여러 사람과 인사를 나누고 방으로 와서 잠시 생각에 잠겼다. 이른 아침 서귀포에서 출발해 제주공항, 김포공항과 인천공항 그리고 필리핀 아키노공항까지 비행기로 이동 후 또 1시간 이상 차량 이동하면서 무척 많은 거리를 하루에 움직였다고 생각하니 피곤함이 밀려왔다. 밀려오는 피곤함에 잠자리에 들었다.

2일 차

　다음 날 아침 일어나서 집 주변을 살펴보니 구획정리가 된 곳인데, 주변에 건물이 없는 빈 땅들이 많았다. 그리고 주변을 둘러본 결과 도시와 멀리 떨어진 곳이라는 사실을 알았다. 차가 없으면 집주변에서 머물 수밖에 없는 상황이었다.

　나와 아이들은 이것저것 보면서 필리핀을 느끼고 싶은데, 아내와 친척들 이곳에서 편히 쉬라는 듯하였다. 여행 일정상 3일 정도 이곳에 머물 수밖에 없었다. 머무는 동안 아내의 친척들이 많이 찾아왔다. 하지만 서로 인사하는 것 외에는 달리 대화를 나누기도 어려웠다. 꼭 필요한 것이 있으면 아내의 통역으로 대화를 나눌 수 있었다.

　무더운 곳이라서 그런지 갑자기 먹구름이 몰려와서 소나기를 뿌리고 지나가면 다시 푸른 하늘이 모습을 드러냈고 무지개도 아름답게 떠올랐다.

4일 차

　장모님이 계시는 「비콜」로 가기 위해 다시 아키노공항 국내선으로 이동했다. 출발 수속을 끝마쳤지만, 갑자기 엄청난 비가 내린 관계로 항공기는 2시간 늦게 출발했다. 그 과정에서 게이트 출구가 바뀌어서 다른 곳으로 옮겨가느라 피곤했다. 항공기에 오르자 마침내 항공기가 움직이기 시작했고, 40여 분만에 레가시피 공항에 착륙했다. 레가시피 공항은 3번째 찾는 곳으로 오랜만에 왔지만 크게 바뀐 곳은 없어 보였다. 수하물을 찾고 나와서 자가용 영업을 하는 차를 대여해 장모님이 계신 곳으로 출발했다. 시골이라서 그런지 차는 막히지 않고 빠르게 달렸다. 1시간 정도 달린 끝에 장모님이 계시는 집에 도착했다. 마닐라 아키노 공항에서 항공기가 소나기 때문에 2시간 늦게 이륙한 때문에 장모님 집에 도착하니 저녁 9시나 됐다. 4년 전 짓기 시작한 집이 완성된 줄 알았는데 아직 미완성이었다. 세상을 보는 눈의 차이점 때문인지는 몰라도 아이들과 함께 숙박하기는 어려워 보였다. 어쩔 수 없이 편안하게 잠을 청하기 위해 비콜 시내로 가서 호텔을 잡고 비콜에서의 여행 첫날밤을 보냈다.

5일 차

다음날 비콜 시내 전통시장을 구경하면서 망고와 파인애플 등 많은 과일을 사서 장모님 댁에 머물면서 열대과일을 많이 먹었다. 다음 날은 비콜에서 1시간 정도 떨어진 도시의 성당으로 가서 수영장에 함께 갈 일행을 기다렸다. 도시의 성당은 무척 크고 아름다웠다. 성당 외부보다 내부가 무척 인상적이었다.

그런데 무슨 일인지 수영장에 함께 가기로 약속된 일행이 2시간이

나 늦게 도착했다. 우여곡절 끝에 수영장이란 곳을 가보니 바다가 아니고, 산 중턱이었다. 산에서 내려오는 물을 가두어 큰 수영장을 만든 것이었다. 수영을 즐기면서 이국적 풍경을 카메라에 담았다. 비콜에서 여러 가지 즐거운 일이 많았지만, 몸의 피로를 풀어주는 전신 마사지를 1시간가량 받을 때가 가장 즐거웠다.

비콜에서 4일간의 일정을 끝내고, 장모님께 작별인사를 드리고 다시 레가시피 공항으로 이동했다. 오후 3시경 항공기에 올라서 마닐라 아키노공항으로 향했다. 40분을 비행하여 아키노공항에 도착하자 마닐라에는 엄청난 비가 쏟아지고 있었다. 비가 많이 내리는 관계로 마중 나온다던 차가 1시간이 지나도록 오지 않았다.

무더운 지역인 데다 폭우가 쏟아지니 습도가 높아져서 오지 않는 차를 기다리면서 짜증이 나기 시작했다. 기다린 지 1시간 30분이 지나서야 간신히 차에 오를 수 있었다. 카ㅇ발 차의 정원이 7명인데, 배웅 나온 사람까지 모두 9명이 탔다. 하지만 폭우로 인해 차는 거의 움직이지 못했다. 공항을 빠져나오는 데만 2시간이나 걸렸다. 이후 비가 멈추면서 교통이 원활해졌지만, 운전자는 호텔을 찾지 못하고 이곳저곳으로 전화만 돌렸다. 옆자리에 앉아서 일찍 도착하기만 기대했지만 기대는 기대일 뿐이었다. 여전히 전화하면서 이곳저곳으로 옮겨가기를 여러 번 했다.

나는 무척 화가 나서 차를 세우고 아내에게 택시를 잡으라고 했다. 아내는 무슨 뜻인지 이해하지 못하는 표정이었는데 택시 기사가 길을 잘 알기 때문에 택시를 따라가면 호텔을 빨리 찾을 수 있다고 설명해주었다. 아닌 게 아니라 아내가 택시를 잡아타고 가고, 그 택시를 뒤따라가니 불과 20분 만에 목적지인 호텔에 도착했다. 마닐라 공항에서 1시간 30분 기다리고 또한 차에 올라서 평소의 40분 거리를 5시간 돌아다닌 것을 생각하니 분통이 터졌다. 뭐라고 크게 욕을 하고 싶었지만, 한국어를 알아듣는 운전기사가 아니라서 말도 못 하고 객실로 들어갈 수밖에 없었다.

정말이지 마중 나온다고 하지만 않았어도 그 많은 시간을 도로에서 보내지 않았을 텐데 하는 생각에 잠을 쉽게 청하지 못했다. 아내의 친척은 호의를 베풀기 위해 차량을 보냈지만, 운전자가 길을 몰라서 헤매는 바람에 호의가 오히려 민폐가 돼 버렸다.

7일 차

다음날 호텔을 나와서 근처 다른 호텔로 옮겼다. 승강기 근처의 방이었던 탓에 오가는 사람들 소리가 너무 시끄러워서 호텔을 옮긴 것이다. 짐을 옮기고 나서 자녀들과 함께 리잘 파크를 비롯해 여러 곳을 구경했다. 리잘은 필리핀이 스페인 통치를 받던 시절에 독립운동을 하다가 순직한 필리핀의 영웅이라고 한다. 마닐라에 머물면서 아내의 고모부와 여러 지인을 만나며 인사를 나누었고, 한국에서 볼 수 없는 특별한 것을 매입하기도 했다. 마닐라 전철을 이용하여 아내의 친척을 만나러 가기도 했다.

9일 차

 갑자기 배가 아프고 설사를 하여 하루 꼬박 배를 만지면서 화장실을 수시로 들락거렸다. 한국이었다면 신속하게 병원에 가서 진료를 받고 처방된 약을 먹을 수가 있었지만, 이곳에서는 병원 진료를 받기가 어려워 약국에서 약을 사서 먹었지만 쉽게 낫지 않았다.

 10박 11일의 여행 일정이 끝나는 시점에 아내의 친척들과 저녁을 먹고 아쉬움의 인사를 나누었다. 가까운 몇 명은 공항까지 함께 가서 시간을 보내다가 수하물 접수시간이 되자 마지막 작별인사를 하고 헤어졌다. 우리 가족은 필리핀 항공 카운터에 수하물을 맡기고 출국 심사를 받았다. 밤 12시 30분경 항공기 출입문이 닫히고 항공기는 움직이기 시작했다. 3시간 20분 정도 비행 끝에 11일 만에 우리나라에 돌아오게 되니 기쁜 감정이 복받쳐 올라왔다.
 인천국제공항에서 입국 심사를 마치고 수하물을 찾은 뒤 공항버스를 이용하여 김포공항에 도착했다. 제주행 항공기에 수하물을 맡기고, 아침을 먹고 있는데, 공항 수하물 검색대에서 연락이 왔다. 가방을 열고 검색받은 결과 휴대전화 배터리가 적발됐다. 배터리 화재사고가 빈발하면서 수하물로 휴대전화 배터리 기내 반입이 금지된 것을 미처 제대로 알지 못했다. 그래도 마닐라 공항에서는 그냥 통과되었는데 한국의 국내선 공항에서는 적발된 것을 보면 우리나라의 공항 보안능력에 새삼 자부심을 가질 수 있었다.

  마침내 제주국제공항에 도착했다. 공항 주차장으로 가서 11일 동안 세워 놓았던 트럭을 타고 집으로 돌아오니 그동안 대문을 닫아두었던 탓에 나팔꽃 줄기가 대문을 치렁치렁 감고 있었다. 주변 이야기를 들어보니 우리 가족이 출발하던 4일에만 비가 내린 후 이후부터 찜통 같은 열대야가 지속됐다고 했다. 무더운 여름날 피서 한번 잘 다녀온 것 같았다.

> 찰나의 작업 실수로
> 큰 고통과 아픔이 동반되니…
> 앞으로 더욱 조심해야 하겠다는 생각이
> 절실했다.

찰나의 실수는
오랜 고통으로 이어지고

또다시 사고가 났다. 그렇게 조심한다고 생각하며 일을 하는데 이날은 그만 사고가 나고 말았다. 오후 5시 무렵 아무 생각 없이 목재 1개를 기계 대패로 깎았다. 그러다가 그만 목재를 쥐고 있던 엄지손을 기계 대패에 밀어버린 것이다. 깎인 부위를 보니 엄지손이 손톱과 같이 14㎜ 정도 깎여 있었다. 엄지손가락에 피가 많이 흐르기 시작했다. 옆에 있던 장갑으로 흐르는 피를 지혈하며, 급하게 차를 몰아 병원으로 향했다. 다친 손이 오른손이어서 차의 기어 변속에도 많은 어려움도 있었다.

응급환자 접수를 마치자, 간호사는 보호자가 어디 있느냐고 물어서 나 혼자 왔다고 답변했더니 의아한 표정으로 나를 보았다. 깎인

손이라서 꿰매지는 못하고 지혈제와 항생제 진통제 주사를 맞고 응급처치를 마쳤다. 의사는 상처 부위를 꿰매지 못하여 보통 때보다 완치가 15일 정도 늦어질 거라고 이야기 했다. 4주 진단을 받았다.

응급처치를 받고 나서 작업장으로 돌아와 보니 이곳저곳에 떨어진 핏자국이 선명하게 남아있었다. 한 손으로 수건에 물을 적셔 핏자국을 닦아내다가 그만 서러움에 울고 말았다. 그날 밤 손의 통증으로 쉽게 잠을 이루지 못하여 새벽 2시경 궁리 끝에 40도짜리 독주를 억지로 한 컵 마시고 쓰러졌다.

그렇게 해서 통증을 잊고 2시간 정도 수면을 취할 수 있었다. 하지만 아침이 되자 통증은 계속되었고, 병원에 가서 다시 치료받고 집에 돌아오자, 순간순간 사고의 기억이 떠오르면서 정말 감당하기가 어려웠다.

사고의 트라우마는 시간이 지나며 점차 줄어들었지만, 사고 3일 동안은 정말 심했고 손의 통증과 비례한 것 같았다. 사고 2주가 지나니 엄지의 부기도 빠지고. 점차 후유증에서 벗어나고 있지만 찰나의 작업 실수로 이렇게 큰 고통과 아픔이 동반되니 어이가 없고, 앞으로 더욱 조심히 기계작업을 해야 하겠다는 생각이 절실했다.

군에 입대하는 아들의 뒷모습을 뒤로하고
천천히 걸어가는데 마음 한구석이
저며 오는 것을 주체할 수 없었다.

아들을 군대에 보내는 부모 마음

    8월의 어느 날 아들과 함께 아침 일찍 집을 나섰다. 목적지는 대한민국의 남자 대부분이 국방의 의무를 이행하기 위해 거쳐 가야 하는 논산 육군훈련소였다. 이날은 아들이 대한민국의 건강한 남자로서 병역의무를 수행하기 위한 첫발을 내딛는 날이었다.

  제주공항에서 광주행 항공편에 몸을 실었다. 그리고 다시 광주 송정역 근처로 이동하였는데 논산행 열차 시간이 여유가 있어서 간단히 아침 식사를 했다. 그리고 나서 열차에 몸을 실으니 무정한 열차는 1시간 30분쯤 달리고 달려 논산역에 우리 부자를 내려 주었다.

  04년생인 아들은 8개월 전에 국방의 의무를 다하기 위해 입대 신청을 했고, 이날 훈련소에 입소하는 것이다. 아들의 성격이 워낙 내성적인 탓에 아버지로서는 내심 여러 가지 걱정이 앞서서 격려도 할 겸 논산훈련소에 입소하는 데 함께 했다.

논산역에서 지체하지 않고 택시를 이용하여 경무대로 향했다. 경무대로 다가갈수록 밀려드는 차량 때문에 차의 속도가 점차 줄었다. 경무대 입구에 내린 우리 부자는 검문하는 담당자에게 입소 통지서를 보여주고, 집결 장소인 경무대 운동장으로 갔다.

오후 2시가 최종 집결 시간이었고, 아직 시간 여유가 있었는데도 생각보다 많은 사람이 이미 모여 있었다. 이날 입소 예정자가 500명 정도였다고 한다. 예정된 시간이 가까워지자, 입소 예정 장병은 동행인과의 만남을 끝내고 빨리 운동장으로 집결하라는 경무대 안내방송이 계속 흘러나왔다.

아빠 곁에서 20년 동안 착실히 지낸 아들이라 신병 훈련 등 많은 것이 걱정됐다. 하지만 아들은 "논산훈련소까지 동행해 줘 고맙습니다"라는 말과 함께, 이제 집결 장소로 가야 하니, 아버지도 조심해서 집으로 돌아가시라고 말한 후 운동장을 향해 씩씩하게 뛰어갔다.

그렇게 아들과 헤어져서 나는 허전한 마음을 안고 집결 장소에서 나왔다. 천천히 걸어가는데 마음 한구석이 저며 오는 것을 주체할 수 없어서 한쪽 구석으로 가 마음을 진정시켰다. 나는 지체장애인이라서 군 면제 대상이었기 때문에 군 생활과 관련해 아는 것이 전혀 없었지만, 아들이 군에 입대하는 것이 이렇게 마음 시린 일인 줄 정말 몰랐다.

한참 후 경무대 정문을 나와 버스를 타고 다시 논산역으로 향했다. 열차 매표소에서 광주 송정행 열차표를 문의하니 매표소 직원이 "곧바로 열차 탑승구 몇 번으로 가면 열차가 도착할 것"이라는 말에 바삐 이동하여 간신히 열차에 몸을 실었다. 열차 안에서 숨 고르기를 한 후 혹시나 하는 마음에 아들과 통화를 해보려 했지만, 이미 전원이 꺼져있었다. 왜 전원이 꺼져있는지는 짐작이 갔다.

열차는 열심히 달렸고, 나는 오로지 열차의 창밖을 무표정하게 바라보았다. 광주 송정역에 내려 다시 지하철을 이용하여 광주공항 역으로 이동했다. 그리고 광주공항 국내선 청사를 향해 열심히 걷고 있었는데, 지나던 1t 트럭이 내 옆에 멈추더니 500㎖ 짜리 동원샘물 한 병을 건네는 것이었다.

나는 무척 당황하여, "누구세요? 저를 아세요?"라며 물었더니, 그분은 "무더운 날씨에 공항 청사까지 힘겹게 걸어가는 듯하여, 마침 차에 물이 있어서 드리는 것이니 오해 없으셨으면 한다"라며 흔쾌히 물을 건네고 갔다. 적재함에 새겨진 글을 보니 광주지역의 동원샘물 납품업체 차량 같았다.

낯선 곳에서 뜻밖의 도움에, 특히 아들의 군대 입소로 마음이 무거

왔는데, 뜻하지 않은 호의에 무거웠던 마음이 한결 나아졌다. 그분이 건네준 감로수 덕에 기운을 차려 광주공항을 거쳐 제주공항까지 무사히 도착했다. 그리고 빈 물병을 차마 버릴 수가 없어서 집에까지 가져왔고, 며칠 지난 후 그 물병을 보며 글을 만들어 본다.

살아있을 때 닫힌 마음
글로 열어본다

인쇄일　2025년 10월 20일
출판일　2025년 10월 30일

글쓴이　최용호

인쇄처　도서출판 열림문화
　　　　제주특별자치도 제주시 청귤로 15
　　　　Tel : (064)755-4856
　　　　E-mail : sunjin8075@hanmail.net

저작권자 ⓒ 2025, 최용호

ISBN 979-11-92003-69-6 (03810)

값 13,000원

※ 이 책은 제주특별자치도 제주문화예술재단의 2025년 문화예술지원사업의
　보조를 받았습니다.